COCINA MEXICANA SALUDABLE

AUTÉNTICAS RECETAS BAJAS EN GRASA

POR VELDA DE LA GARZA, MS, RD

Primera edición

APPLETREE PRESS, INC.

Mankato, Minnesota

Appletree Press, Inc.
151 Good Counsel Drive Suite 125
Mankato, MN 56001
Teléfono: (507) 345-4848
Fax: (507) 345-3002

Catalogado
de la Garza, Velda
    Cocina mexicana saludable: Auténticas recetas bajas en grasa/
Velda de la Garza; Linda J. Hachfeld y Faith E, W. Winchester, editores. Mankato,
MN: Appletree Press, c1995, 1997.
    256 p.: ilustr. a col.; 23 cm
    Incluye índice
    Sumario: Auténtica cocina mexicana que ofrece al lector la posibilidad de
preparar platos mexicanos tradicionales auténticos con pocos ingredientes, tiempos
prácticos de preparación con contenido calórico moderado o bajo. Este libro
contiene más de 160 recetas con pocas calorías, saludables para el corazón, cada
una con su análisis nutritivo e intercambio para diabéticos. Incluye una sección
especial sobre la información alimenticia en las etiquetas, utensilios e ingredientes
para la cocina mexicana, glosario de términos e ingredientes y una lista de
comercios especializados en productos mexicanos.
    ISBN 0-9620471-5-5
    1. Cookery, Mexican.   2. Low-fat diet - Recipes.   3. Diabetes - Diet therapy
- Recipes.   4. Diabetes - Nutritional aspects. I. Title. II Hachfeld, Linda,J. III.
Winchester, Faith E. W.
TX716   Edición en español
641.5972   97-071661
                                                  CIP
Primera edición: Primer - segundo tiraje: 6 000 ejemplares

Editores: Linda Hachfeld, Faith Winchester
Asistente: Johnna Solting
Diseño de la portada de la segunda impresion: Timothy Halldin, Pike Graphics
Material grafico de Kate Thomssen
Diseño de la comida y de los accesorios; portada y contraportada:
Roscoe Betsill y Helen Crowther
Fotografía de la comida, portada y contaportada: Beatriz Da Costa
Edición en español: Victoria Windler-Cheren,
Revisión de la Traducción de las portadas: Enrique Torner
Tipografía: Rancho Park Publishing

ACERCA DE LA AUTORA

Velda de la Garza es Dietista Licenciada y reside en McAllen, Tejas. Siendo hispana, conoce de cerca los platos mexicanos típicos. Velda se licenció en la Universidad de Texas y en Texas Women's University. Completó un internado en el Hospital St. Mary's, afiliado con la Clínica Mayo de Rochester, Minnesota.

Actualmente, Velda dicta clases sobre comidas saludables para el corazón. Enseñó nutrición en la Universidad Panamericana de Texas. Su experiencia anterior como dietista en varios hospitales incluye el que desempeñó en el hospital M.D. Anderson de Houston. También fue asesora del Centro de Ciencias de la Salud de la Universidad de Tejas en Houston y dietista especializada en problemas renales. Tiene tres hijos, Christina, Jorge y Laura. Su esposo Jorge es cirujano cardíaco.

Desde niña, a Velda le gustaba cocinar para su familia y fue aprendiendo el arte de la cocina hispana tradicional de su abuela, sus tías, su madre y su padre. Combinando sus conocimientos de nutrición con su amor a la cocina, ha compilado estas recetas de platos mexicanos saludables. Dado el gran interés que existe hoy en día en llevar una vida más saludable, todos podemos beneficiarnos de esta colección de maravillosas recetas mexicanas.

ESTE LIBRO ESTÁ DEDICADO A:

Mi esposo Jorge, por su amor y por su apoyo

Mis hijos Christina, Jorge y Laura por su ayuda y por probar las recetas

Mis padres, por animarme a lograr cosas maravillosas

Mis suegros, por sus palabras de ánimo

Mi mejor amiga Ellen

TABLA DE MATERIAS

INTRODUCCIÓN

La comida tiene suma importancia en la cultura hispana. Usamos la comida para celebrar ocasiones importantes de la vida. Desde bautismos y casamientos a velorios, la comida constituye el vínculo principal que nos une a nuestras familias y amigos. Se sabe que mucho tiempo atrás, nuestros antepasados, los aztecas, preparaban tamales con la carne de los animales salvajes que cazaban. Muchas de nuestras tradiciones más arraigadas están acompañadas de las comidas preferidas que representan nuestra herencia española, indígena y mexicana.

La mayoría de las recetas de este libro son las que me gusta preparar-- sin muchos ingredientes, sin mucho tiempo de preparación y sin muchas calorías. Muchas de las recetas son las que aprendí a cocinar en casa con mi madre, otras son de la familia de mi esposo. Aunque los ingredientes hayan cambiado un poco, nuestra comida representa siglos de historia y cultura. Estas comidas mantienen la tradición en nuestras familias, a pesar de fronteras, situaciones económicas y el pasar del tiempo. También en esta colección de recetas se encuentran recetas que aprendí a preparar viviendo en diferentes partes de los Estados Unidos. Los hispanos del suroeste usan muchos de los mismos ingredientes combinándolos en sabrosas preparaciones diferentes.

Las indicaciones y recetas de este libro ofrecen una alternativa a las comidas grasosas que estamos acostumbrados a comer. La comida mexicana, que puede ser un manjar para el paladar, contiene, a menudo, demasiadas calorías, grasa y colesterol.

Desgraciadamente, un número exorbitante de hispanos son propensos a trastornos relacionados con la dieta como diabetes, obesidad y enfermedades cardíacas. Estudios recientes han mostrado que la dieta típica de los hispanos contiene mucha grasa animal, azúcar refinado y pocas frutas y verduras.

El más reciente Estudio Nacional de Salud y Nutrición mostró que casi 47% de las mujeres hispanas tienen exceso de peso (Kuczmarski 205). Interpretando estos estudios se podría decir que casi la mitad de las mujeres hispanas están a riesgo de desarrollar enfermedades relacionadas con la dieta, tales como diabetes y trastornos cardíacos.

Al mismo tiempo, un sinnúmero de investigaciones nos están diciendo que nos conviene más consumir una dieta con menos grasa animal, grasa de cualquier índole y azúcar. Los especialistas nos están aconsejando a comer frutas y verduras para prevenir cierto tipos de cáncer y otras enfermedades. Se cree que el 35% de los cánceres se relacionan con la dieta. (Smolin 152).

Adaptarse a una dieta más saludable no es difícil, y muchas veces solamente requiere prestar más atención a los alimentos que compramos en el mercado, saber cómo prepararlos en casa y fijarnos en la cantidad de comida que ingerimos. Si salimos a comer, es importante saber cómo seleccionar comidas saludables en el restaurante.

He escrito este libro para mostrar que todos estos cambios se pueden hacer con relativa facilidad. Muchas de nuestras comidas tradicionales se pueden modificar y hacer más saludables sin perder su maravilloso sabor. En casi todas las recetas la cantidad de especies y verduras se ha aumentado para dar más sabor sin aumentar las calorías.

Muchas de las recetas se han incluido en esta colección para demostrar a todos aquellos que están interesados en la comida mexicana que el placer de un buen plato no depende de que esté lleno de frituras y chorreando grasa anaranjada. ¡Las recetas de COCINA MEXICANA SALUDABLE son deliciosas y saludables!

A todos nos encanta salir a comer y que nos sirvan comida sabrosa. Muchos restaurantes ofrecen comidas ricas en sabor, pero también en grasa. Los restaurantes de alimentos preparados en particular ofrecen comidas con demasiada grasa y bajas en vitaminas y otros nutrientes (Whitney 472). Ocasionalmente, es posible incluir las salidas a comer en una dieta saludable si ha aprendido a tomar decisiones adecuadas acerca de las comidas de restaurante que va a escoger.

Es importante saber que, al preparar sus comidas en casa, usted puede controlar lo que prepara y la cantidad que se sirve. Los conocimientos acerca de cómo preparar los alimentos de manera más saludable le ayudarán a mantener una dieta mejor en casa.

Salvo por algunos postres, estas recetas, aunque no estén preparadas especialmente para diabéticos, están dentro de las indicaciones de la dieta para diabetes. Algunas de las recetas se pueden modificar usando un edulcorante que sustituya el azúcar. Muchas de las recetas contienen sodio en cantidad moderada, de acuerdo con normas generales de buena salud. Si su médico le ha recomendado disminuir la sal en su dieta, muchas de las recetas se pueden adaptar usando productos con bajo contenido de sal. También se puede omitir totalmente la sal de sus recetas.

Reducir las grasas de la dieta, especialmente grasas saturadas, e incluir más frutas, verduras y fibra en su dieta le ayudará a llevar una vida más saludable. Si hay antecedentes de ciertos tipos de enfermedades relacionadas con la dieta como la diabetes o enfermedades del corazón en su familia, es aun más crítico adoptar un tipo de vida más saludable, incluyendo cambios en la dieta. Podrá todavía comer comidas tradicionales, pero deberá incluir nuevos procedimientos en su preparación. No es verdad que todo lo que vale la pena comer engorda o es un pecado.

Muchos estudios han mostrado la importancia de la buena nutrición en la prevención de muchas enfermedades. Las comidas saludables contienen nutrientes poderosos que nos ayudan a mantener la salud. Como dice el dicho:

" Que tus alimentos sean tus medicinas."

Obras citadas

Kuczmarski, R. "Increasing Prevalence of Overweight Among United States Adults." Journal of the American Medical Association. 20 de julio de 1994:205.

Smolin, Lori y Mary Grosvenor. NUTRITION SCIENCE AND APPLICATIONS. Fort Worth: Saunders College Publishing, 1994.

Whitney, Eleanor, Corrine Caldo y Sharon Rolfes. UNDERSTANDING NORMAL AND CLINICAL NUTRITION. St. Paul: West Publishing Company, 1991.

GRACIAS ESPECIALES A LOS SIGUIENTES COLABORADORES:

Gonzalo Garza
Aida Garza
Kika de la Garza
Lucille de la Garza
Isabel Hinojosa
Maria Z. Garza
Ellen Crouse
Linda Trevino, R.D.
Frances Garza, R.N.
Stella Garza, R.N.
Dolores Gutiérrez
Nena Bedoya
Lupita Garza
Delia Garza
Leonor Garza
Elida Garza
Vela Family
Ruth Alpert
Lucille Barrera
Edna Ramon, R.D.
Irma Trigo
Martha Valerio
Elizabeth Pena
Margarita Gutiérrez
Kathy Morin, R.N.
Maria C. Garza
Nena M. Garza, R.D.

GRACIAS ESPECIALES POR EL APOYO TÉCNICO A:

Lenore Frydrychowicz, M.S., R.D.
Linda Trevino, R.D.
Mary Sánchez, M.S., R.D.
Amelia Gorena-Walsh, Ph.D.
Paul Walsh
Ileana Vicinaiz, R.D.

PROGRAMAS DE ANÁLISIS

Las recetas fueron analizadas usando los siguientes programas:

Sante (For Good Health) Hopkins Technology. Hopkins, Minnesota, 1991.
Nutritionist III. N-Squared Computing. Salem, Oregon 1989.

CAPÍTULO UNO

CAPÍTULO UNO

ENFERMEDADES DEL CORAZÓN

Cada año, los infartos cardíacos causan casi la mitad de todas las muertes en los Estados Unidos. Las enfermedades del corazón representan la mayor causa de muerte en nuestro país. Los costos de tratamiento de las enfermedades cardíacas se elevan a cerca de nueve mil millones de dólares anualmente. Uno de cada dos americanos muere a causa de una enfermedad cardiovascular, una persona cada treinta y cuatro segundos(AHA 1).

Los ataques al corazón ocurren cuando las arterias se tapan o cuando se forma un coágulo en una arteria y la tapa parando el flujo de sangre al corazón. El corazón, un músculo, se daña por la falta de sangre y oxígeno que la sangre provee.

El colesterol y los triglicéridos elevados contribuyen al desarrollo de la arterioesclerosis. La arterioesclerosis es la causa principal de muchos de los ataques al corazón y de las muertes por derrame cerebral (AHA 8).

En la población hispana, el cigarrillo, la obesidad y la dieta alta en grasa contribuyen a las enfermedades del corazón. Un tercio de todas las muertes de hispanos se relaciona con enfermedades del corazón y cerebrovasculares.

Hay muchos factores complejos que contribuyen al desarrollo de la arterioesclerosis. Estos incluyen la herencia, el sexo y la edad. Hay más ocurrencias de ataques de corazón en ciertas familias. La edad avanzada aumenta el peligro de enfermedad cardiovascular tanto para los hombres como para las mujeres.

Aunque la enfermedad cardiovascular es percibida como un "problema de los hombres", también afecta a mujeres, pero de 6 a 10 años más tarde que a los hombres. Según William Castelli, director del Estudio Cardíaco Framingham, "Después de la menopausia, las mujeres desarrollan enfermedades del corazón en la misma proporción que los hombres", (Las mujeres y las enfermedades del corazón). La herencia, el sexo y la edad son factores que no se pueden controlar.

Otros factores que contribuyen al desarrollo de las enfermedades del corazón se pueden controlar. El cigarrillo, la obesidad, la alta presión, la diabetes y la falta de ejercicio son riesgos demostrados de enfermedad cardíaca.

Parar de fumar es lo más importante que puede hacer una persona para evitar una muerte prematura. Fumar pone presión sobre el corazón porque causa la constricción de los vasos sanguíneos. Causa asimismo cambios temporales en el corazón, haciéndolo latir rápidamente y elevando la presión de la sangre. Además, el cigarrillo aumenta el nivel del monóxido de carbono en la sangre, disminuyendo la cantidad de oxígeno disponible al corazón (AHA 29).

La alta presión, o hipertensión, presenta un riesgo mayor de enfermedad cardíaca y es el peligro más importante para los derrames cerebrales. La alta presión se llama el "asesino silencioso" porque mucha gente tiene alta presión sin saberlo y sin sentirse mal. Por eso, es importante que su médico le examine la presión cada vez que lo visite.

Más adelante, hablaremos más de la obesidad, la diabetes, el ejercicio y cómo prevenir las enfermedades del corazón. Es muy importante hacerse examinar por su medico regularmente, hacer ejercicio, comer alimentos buenos para la salud, mantener un peso saludable y no fumar para reducir el riesgo de enfermedades del corazón.

LA DIABETES

Los mexicoamericanos tienen de dos a tres veces más incidencia de diabetes que los americanos de herencia anglosajona (Algert 1)

La diabetes es una enfermedad en la cual el cuerpo no produce o no usa adecuadamente la insulina. El azúcar y los almidones consumidos son convertidos por el cuerpo en glucosa. La glucosa entra a cada célula para uso inmediato o para depósito. La insulina, una hormona producida por el páncreas, ayuda a transportar la glucosa a cada célula. Cuando la insulina no puede entrar a la célula, se produce un exceso de glucosa que se "derrama" en la orina. Este problema causa muchas otros problemas más serios relacionados con el metabolismo de todos los nutrientes (Whitney 824).

La diabetes, cuando no se la trata, puede causar muchas complicaciones serias que incluyen:

* **Arterioesclerosis (endurecimiento de las arterias)** que puede causar derrame cerebral, ataque de corazón o amputación de los miembros afectados. Más de 80% de las personas que sufren de diabetes mueren por causa de algún tipo de enfermedad cardiovascular, usualmente ataque de corazón. El riesgo de muerte por enfermedad de corazón es dos veces más alto para las mujeres con diabetes. Muchas veces, la diabetes es llamada "la enfermedad de las mujeres" porque después de la edad de 45, casi dos veces más mujeres que hombres desarrollan diabetes. El riesgo de enfermedad de corazón es más alto para una mujer diabética que para un hombre diabético (Sandmaier 26).

* **Endurecimiento de las arterias pequeñas, (arteriolas)**, puede causar daño a los ojos y a los riñones. Estos procesos pueden traer complicaciones serias como ceguera y problemas renales que puedan necesitar diálisis.

* **Alta presión y daño a los nervios y vasos sanguíneos** como resultado de alto nivel de azúcar en la sangre.

* **Defectos de nacimiento** en bebés de mujeres diabéticas embarazadas (Whitney 844).

Las complicaciones y las hospitalizaciones resultantes pueden ser muy costosas. De acuerdo a la Asociación Americana de Diabetes, los costos para los tratamientos médicos relacionados con la diabetes llegan a casi $20 mil millones por año. Muchas veces también el seguro médico es mucho más alto para una persona diagnosticada con diabetes.

No hay cura para la diabetes, pero sí hay maneras de controlarla. El 85% de todos los diabéticos que no usan insulina tienen un exceso de peso de por lo menos 20%. El riesgo de desarrollar diabetes se duplica con cada aumento de peso de 20% por encima del peso ideal. Los estudios muestran que en las personas obesas con diabetes, bajar de peso puede resultar en un nivel más normal de azúcar en la sangre. En muchos casos, esto significa que la persona quizás ya no tenga que usar insulina u otros medicamentos para la diabetes. El control de la diabetes puede depender de toda una vida de dieta saludable (limitando calorías y grasas), pérdida de exceso de peso y aumento de la actividad física.
La clave del tratamiento de la diabetes es el control. Una persona con diabetes tiene que cuidarse mucho para controlar el nivel de azúcar en la sangre según las indicaciones de su medico. Controlando su peso y su azúcar, la persona puede evitar o retrasar algunos de los problemas que acompañan la diabetes. Dada la gravedad de estos problemas, vale la pena hacer todo lo posible para evitarlos.

LA OBESIDAD

A menudo, los profesionales de salud definen la obesidad calculando primero el peso normal de la persona. La persona que tiene un exceso de más del 20% de su peso ideal, es considerada obesa. Una persona que está por encima de su peso ideal, pero que tiene un exceso de peso de menos del 20% de su peso normal es considerada gorda. La fórmula que se usa para calcular el peso normal es la siguiente:

Hombres: 106 libras para los primeros 5 pies de estatura
Agregue 6 libras por cada pulgada adicional de estatura
Ejemplo: Un hombre de 5 pies 9 pulgadas de alto
Peso normal: 160 libras

Mujeres: 100 libras para los primeros 5 pies de estatura
Agregue 5 libras por cada pulgada adicional de estatura
Ejemplo: Una mujer de 5 pies 2 pulgadas
Peso normal 110 libras (Hamwi 74)

¿Por qué la obesidad es peligrosa?

Una persona obesa tiene más riesgo de desarrollar problemas de salud.

Enfermedad del corazón: Las personas que tienen un exceso de peso de 30% o más de su peso normal tienen más probabilidades de desarrollar problemas de salud aunque no tengan ningún otro factor de riesgo (NIH 23). El corazón de una persona obesa tiene que trabajar mucho más que el corazón de una persona sin sobrepeso (Whitney 865). Los estudios sugieren asimismo que, además del peso, la forma del cuerpo de la persona afecta la salud del corazón. Las personas con cuerpo " en forma de manzana", con más gordura en la cintura están más expuestas que las personas con cuerpo "en forma de una pera", con más gordura en las caderas y las piernas. Si la cintura es más grande que las caderas, existe más peligro de enfermedad de corazón (Sandmaier 25).

Diabetes: La diabetes es una enfermedad muy seria que ocurre cuando el cuerpo no produce bastante insulina o no la utiliza bien. Cuanto más pesa la persona, más insulina consume. La diabetes no tratada puede resultar en derrame cerebral, ataque de corazón, ceguera, insuficiencia renal y otros problemas médicos (Whitney 828).

Alta presión: Cuanto mayor es el peso, mayor es la presión ejercida sobre el sistema circulatorio. Muchas personas con alta presión padecen de derrames cerebrales, insuficiencia renal y cardíaca congestiva (Whitney 865).

Osteoartritis: En las personas obesas, los síntomas de la osteoartritis pueden empeorarse por la presión que el peso pone sobre las coyunturas como las rodillas y las caderas (Whitney 534).
Una persona obesa tiene más riesgo de desarrollar problemas de la vesicula biliar (Whitney 790). Una dieta con alto contenido en grasa y colesterol puede contribuir a cálculos biliares. El colesterol constituye el 80% de los cálculos biliares. Además, las personas obesas están expuestas a riesgos mucho mayores de problemas médicos serios después de una operación (Berkow 953). Estas complicaciones incluyen, entre otras, dificultad de curación de las heridas y formación de coágulos de sangre.
Los estudios indican que es posible que los cánceres de pecho, de colon y de útero tengan relación con la obesidad (ACS 22).

¿Qué es lo que causa la obesidad?

Casi el 35% de las mujeres adultas, el 31% de los hombres adultos y el 25% de niños y adolescentes en los Estados Unidos son obesos (Food and Nutrition Board 1995). Para los americanos de herencia mexicana, los números aumentan a 35.5% de los hombres adultos y 46.7% de las mujeres adultas con exceso de peso (Kuczmarski 210).
Estudios recientes han indicado que la obesidad puede ser genética. Si uno de los padres o miembros de la familia inmediata es obeso, hay más probabilidades de ser obeso. Si los dos padres son obesos las probabilidades son mayores todavía (Whitney 366). Estos factores no se pueden cambiar, pero sí hay factores que se pueden controlar para limitar el aumento de peso y la tendencia a engordar.
Dos de estos factores incluyen aumentar el ejercicio y cambiar los hábitos de comer.

PREVENCIÓN

Buenos hábitos de comer

Para cuando una persona haya sido diagnosticada con una enfermedad de corazón, el cuerpo ya ha sufrido muchos años de cambios y daños a los vasos sanguíneos. Ya el daño está hecho y es posible que la dieta y las medicinas puedan retrasar daños adicionales, pero es raro que la enfermedad desaparezca.

Algunos de los estudios prometedores actuales muestran que es posible que la enfermedad del corazón pueda curarse en cierta medida con una dieta estricta de tipo vegetariano (Ornish). Esta idea se está sometiendo a investigaciones adicionales, pero el hecho es que el programa más eficiente contra las enfermedades del corazón es la prevención.

Para prevenir la enfermedad del corazón es muy importante conocer los factores de riesgo cardíaco. Como se ha explicado en este capítulo, hay ciertas cosas que no se pueden cambiar, pero hay más factores de riesgo que sí se pueden controlar. Para evitar un ataque de corazón o derrame cerebral, es importante saber los cambios que puede hacer en lo que escoge para comer y en la cantidad de actividad física de su vida.
La salud de nuestro corazón tiene mucho que ver con lo que comemos. Cambiando sus hábitos de comer de acuerdo con las Normas de Dieta para Americanos (vea el **Capítulo 2**) reducirá su riesgo de enfermedad del corazón de tres maneras:

* Ayuda a reducir el colesterol alto.

* Ayuda a controlar la alta presión.

* Ayuda a reducir el peso.

Los hábitos de comer que son buenos para el corazón pueden prevenir también ciertos tipos de cáncer y otros problemas de salud.

Colesterol alto en la sangre

Cuanto más alto es el colesterol de la sangre, más alto es el riesgo de la enfermedad del corazón. Para todos los adultos, el nivel del colesterol que es deseable es menos de 200 mg/dL. Un nivel de 240mg/dL o más se considera colesterol "alto", pero los niveles "limítrofes" entre 200-239 mg/dL también aumentan el riesgo de enfermedad del corazón. El colesterol de la sangre se debe verificar cada 5 años (AHA 21).

El colesterol total es la primera medida que se usa para identificar a personas con colesterol alto. Un perfil más completo incluye medir los niveles de LDL (lipoproteína de baja densidad) y HDL (lipoproteína de alta densidad) del colesterol. El LDL transporta la mayor parte del colesterol en la sangre, así es que cuanto más alto es el LDL, más alto es el riesgo de enfermedad del corazón. El HDL ayuda a eliminar el colesterol del cuerpo. Así que cuanto más alto es este número, menor es el peligro de enfermedad del corazón. Un nivel de LDL de menos de 130 mg/dL es deseable y se recomienda un nivel de HDL de más de 35 mg/dl (Whitney 857).

Cómo disminuir el colesterol en la sangre

Un estudio importante mostró que cada porcentaje de reducción de colesterol en la sangre produce una reducción de dos porcentajes en los ataques de corazón. Esto quiere decir que si baja su colesterol en un 25 por ciento, podría reducir el riesgo de un ataque de corazón por la mitad (Sandmaier 47).

Un método efectivo para bajar el colesterol de la sangre es controlar la dieta. Esto le va a ayudar a prevenir la enfermedad del corazón. Las siguientes son guías generales para una dieta saludable. Antes de seguir una dieta especial, consulte con su médico.

* Limite la consumición de la carne, especialmente la carne roja. Trate de incluir por lo menos dos comidas sin carne por semana. Cuando coma carne, limítese a una porción de tres onzas. Tres onzas de carne tienen aproximadamente el tamaño de la palma de la mano o de un mazo de cartas. Un plato de frijoles con maíz o arroz es una excelente sustitución para la carne en la dieta.

* Disminuya el consumo del colesterol y de las grasas saturadas. Todo el colesterol viene de productos animales.

La grasas saturadas en la dieta aumentan el nivel de colesterol y otras grasas dañinas en la sangre (vea el Capítulo 2) provienen de productos animales, pero también se encuentran en los aceites "tropicales" de palma y de coco. Se encuentran muchas veces en comidas procesadas como galletas dulces y saladas y otros alimentos de merienda.

Las grasas poliinsaturadas en la dieta parecen bajar el colesterol en la sangre. Este tipo de grasa parece jugar un papel importante en contra de la enfermedad cardiovascular y se encuentra en plantas y mariscos. Los aceites de maíz, de girasol, de soya y de nuez de nogal son ejemplos de grasas poliinsaturadas.

La grasa monoinsaturada en la dieta también reduce el colesterol en la sangre. Como la grasa poliinsaturada, esta clase de grasa es líquida a la temperatura de cuarto. Los aceites de oliva, de canola, de cacahuate y el pescado son ricos en la grasa monoinsaturada.

Para disminuir su riesgo de enfermedad del corazón, la cantidad de grasa total en su dieta debe constituir no más del 30% de las calorías totales que consume. La grasa saturada debe constituir menos del 10% de las calorías totales; la grasa poliinsaturada debe ser menos del 10%; la grasa monoinsaturada debe constituir de 10-15% de calorías totales. No coma más de 300 mg de colesterol al día.

* Trate de incluir dos porciones de pescado "graso" por semana. Se recomiendan el salmón rojo, el escombro, las sardinas y la albacora.

* Disminuya la cantidad total de grasa en su dieta. La grasa tiene muchas calorías, sea el que sea su origen. Limite todos los alimentos grasosos y fritos. Limite los postres hechos con grasas. Aun los aceites "saludables" añaden muchas calorías a la dieta. Aprenda el contenido de grasa de las comidas comunes.

* Aumente la cantidad de frutas y verduras en la dieta. Muchos estudios demuestran que las frutas y verduras ayudan a prevenir muchas enfermedades. Coma fruta y verduras de colores fuertes que en general contienen más vitaminas y minerales. La espinaca, el melón, las naranjas, las fresas y los tomates son buenos ejemplos. Las frutas son más saludables cuando están frescas y sin cocer.

* Use más granos integrales en la dieta. Los granos integrales contienen minerales y otras sustancias nutritivas importantes para la salud. Los granos integrales como la avena contienen fibra que tiene la propiedad de bajar el colesterol en la sangre. Las tortillas y el pan de trigo integral y los cereales de granos integrales son una buena fuente de granos integrales.

Una dieta saludable requiere cambios para el resto de su vida. Cambiar la dieta por unas cuantas semanas no le va a ayudar a resolver o prevenir problemas de salud. Son más bien los cambios positivos que se hacen para toda la vida que harán la diferencia.

EL EJERCICIO

Según la Asociación Americana del Corazón, la falta de ejercicio nos acerca aun más a la enfermedad de corazón. La falta de ejercicio es un factor de riesgo de igual importancia que el exceso de peso, el fumar y el tener historia de enfermedad del corazón en la familia.

1) El ejercicio es el desafío de poner su cuerpo en buenas condiciones físicas. En el proceso, la persona se sentirá mejor, se verá mejor y estará más sana. Tener un cuerpo en buenas condiciones físicas le ayudará a mejorar el metabolismo y le fortalecerá el corazón y los pulmones (Whitney 833).

2) Se ha constatado un mejoramiento en el nivel de la glucosa de la sangre de los diabéticos cuya enfermedad empezó en edad adulta, después de seguir un buen programa de ejercicios (Whitney 833). Muchos médicos que trabajan con pacientes diabéticos insisten en que hagan ejercicio diariamente.

3) Un programa de ejercicio es muy importante para el control del peso porque el ejercicio reduce la grasa total en el cuerpo. El ejercicio requiere que el cuerpo gaste calorías, lo que ayuda en cualquier programa de pérdida de peso. Además, un buen programa de ejercicio ayuda a que los huesos se hagan más fuertes y puede disminuir en cierta medida la cantidad de masa ósea que las mujeres con osteoporosis pierden (Cooper 7).

4) El ejercicio aumenta la producción de compuestos químicos similares a la morfina, endorfinas, en el cerebro, que le da a la persona una sensación de bienestar (Smolin 390).

Enfrentar el desafío es sencillo. El primer paso consiste en decidir hacer del programa un compromiso a largo plazo, después decidir qué programa es el mejor para usted. Los programas de ejercicio pueden variar, desde caminar por el barrio a emplear un entrenador personal.

Aunque caminar no cuesta casi nada, y un entrenador puede ser muy costoso, lo que más importa es que el programa se ajuste a su horario personal y ser lo suficientemente entretenido y variado para que no se aburra. Debe seguirlo de manera consistente, y debe ser un ejercicio saludable para la persona que lo practica.

Hay que consultar siempre con su médico antes de empezar un programa de ejercicio y obtener su aprobación para estar completamente seguro de que su cuerpo podrá resistir los rigores del programa. Es especialmente importante que la persona consulte con el médico si:

* Está tomando medicinas para alta presión o trastornos cardíacos
* Está experimentando dolor de pecho o vértigo
* Está muy gordo(a) (más de 20% por encima del peso saludable)
* Tiene más de 65 años

¡Ponga el corazón a trabajar!

Desde muchos puntos de vista el mejor ejercicio es **caminar**. Es básicamente gratis, se puede hacer a cualquier hora y puede ser muy estimulante.

Sin embargo, es importante comprender que el ejercicio debe fortalecer el mayor número posible de músculos en el cuerpo, especialmente el corazón. ¡Caminar a paso de tortuga no le va a servir!

Caminar es el mejor ejercicio para la gente que apenas empieza un programa de ejercicio, que tiene exceso de peso cuya edad es avanzada. Hay pocas posibilidades de lastimarse, pero también hay pocos beneficios si no se hace de manera adecuada. No cuesta nada disfrutar de un paseo vigoroso. Uno no necesita un horario fijo y caminar puede ser una manera placentera de terminar una larga jornada de trabajo. Además, el único equipo necesario es un buen par de zapatos para caminar.

Las recomendaciones actuales de ejercicio según la Clínica Cooper son:
Para mujeres-2 millas en menos de 30 minutos por lo menos 3 días a la semana o 2 millas en 30 minutos 5-6 días a la semana.

Para hombres-2 millas en menos de 27 minutos por lo menos 3 días a la semana o 2 millas en 30-40 minutos 6-7 días a la semana.

Hacerse socio de un club de gimnasia le ofrece otras posibilidades de hacer ejercicios. Uno de los beneficios de hacer ejercicios en un club es el de sentirse inspirado entrenándose junto a gente saludable y en buen estado físico. Además, hay muchos tipos de aparatos que le pueden ayudar a variar las rutinas para lograr un programa más eficiente. Los consejeros de los clubes pueden aconsejarle sobre los programas que más le convienen a usted y posiblemente puedan hacer un análisis de la composición de su cuerpo. A algunos individuos les resulta provechoso medir periódicamente su composición corporal para reforzar los beneficios logrados en su programa de ejercicios.

Otra idea es comprar **videos de ejercicios** para hacerlos en casa. Los videos son ideales cuando no puede salir de casa por la inclemencia del tiempo o por tener niños pequeños que no puede dejar. Hay muchos tipos y niveles de videos disponibles. Sería una buena idea alquilar el video para ver si le gusta antes de comprarlo.

También en televisión hay muchos programas de ejercicios que son muy buenos, pero deberá amoldar el entrenamiento a su nivel de capacidad física. Los principiantes, los obesos y los de edad avanzada posiblemente tengan que ejecutar los ejercicios más despacio. Los que ya están en mejores condiciones físicas posiblemente necesiten trabajar con pesas para un entrenamiento más vigoroso. Las ventajas de hacer los ejercicios en casa incluyen el bajo costo y la privacidad.

El **ciclismo** es otra manera magnífica de hacer ejercicio y de disfrutar de la naturaleza. Es una oportunidad para que toda la familia esté junta y participe en la actividad.

Tenemos suerte de tener muchas formas de ejercicio a nuestra disposición. Pero, desgraciadamente, hay demasiadas bicicletas estáticas y escaleras en recámaras y garajes sin usar, recuerdos de promesas pasadas de "ponerse en forma".

Hay otras opciones que le pueden ayudar a hacer su programa de ejercicio más variado. Puede comprar una cuerda para saltar como usan los niños para jugar. Saltar la cuerda puede ser un excelente ejercicio aeróbico.

Es importante variar el programa de ejercicio, incluyendo tres sesiones de ejercicio aeróbico de treinta minutos por semana (Cooper 6).

El ejercicio aeróbico es uno de los componentes más importantes para lograr el peso deseado y lograr y mantener la buena salud.

Algunos de los **mejores resultados de un buen programa de ejercicio** incluyen el de reforzar la capacidad del corazón de bombear más eficientemente la sangre, y de hacer que el sistema circulatorio funcione óptimamente, llevando oxígeno a todas las partes del cuerpo (Cooper 7). El ejercicio le va ayudar a:

- ♥ Respirar mejor--fortalece los músculos del pecho
- ♥ Sentirse más vigoroso--fortalece el corazón y el cuerpo
- ♥ Tener más energía--hace que sus sistemas funcionen más eficientemente

Un corazón y un cuerpo más saludable será el resultado de un compromiso sólido de largo plazo a la salud. El premio será una vida más larga y saludable - un regalo impagable.

Obras citadas

Algert, Susan, et. al. MEXICAN AMERICAN FOOD PRACTICES, CUSTOMS AND HOLIDAYS: ETHNIC AND REGIONAL FOOD PRACTICES. American Dietetic Association, American Diabetes Association. Chicago, 1989.

American Heart Association. AYUDE A SU CORAZÓN. Dallas National Center, 1994.

American Heart Association. 1992 HEART AND STROKE FACTS. Dallas National Center, 1992.

Berkow, Robert y Andrew Fletcher. THE MERCK MANUAL OF DIAGNOSIS AND THERAPY. Rathway: Merck and Company, 1987.

American Cancer Society. CANCER FACTS AND FIGURES 1990. Atlanta, 1990.

Cooper, Kenneth. STEPS FOR LIFE: 12 WAYS FOR INDIVIDUALS TO IMPROVE THE ODDS FOR A LIFETIME OF GOOD HEALTH AND REDUCE THE COST OF HEALTH CARE. Dallas: Cooper Institute for Aerobic Research: 1994.

"Genetics and Nutrition: New Discoveries." DAIRY COUNCIL DIGEST 66/4 (July/August 1995): 19-24.

Hamwi, G.J. "Therapy: Changing Dietary Concepts." DIABETES MELLITUS DIAGNOSIS AND TREATMENT. New York: American Diabetes Association, 1964.

Ornish, Dean. DEAN ORNISH'S PROGRAM FOR REVERSING HEART DISEASE. New York: Random House, 1990.

Sandmaier, Marie. THE HEALTHY HEART HANDBOOK. Washington, DC: The National Heart, Lung and Blood Institute, 1992.

Smolin, Lori and Mary Gosvenor. NUTRITION AND SCIENCE APPLICATIONS. Fort Worth: Saunders College Publishing, 1994.

Whitney, Eleanor and Sharon Rolfes. UNDERSTANDING NUTRITION. St. Paul: West Publishing Company, 1993.

The Cooper Institute for Aerobics Research. RESEARCH NEWS: FITNESS AND MORTALITY. Dallas: 1995.

Video Women and Heart Disease. American Heart Association, 1989.

CAPÍTULO DOS

CAPÍTULO DOS

LA PIRÁMIDE DE LOS ALIMENTOS

El Departamento de Agricultura de los Estados Unidos ha creado la Pirámide de los Alimentos basada en las últimas recomendaciones científicas para una dieta saludable.

En el pasado, la carne de res era el plato principal de las comidas americanas. Su importancia ha disminuido actualmente, y ahora el énfasis se pone sobre los granos y panes como bases de la dieta, seguidos de frutas y verduras.

A causa de los muchos problemas de salud que están relacionados con la ingestión de grandes cantidades de alimentos grasos, la recomendación actual para la consumición de la carne de res es de comer menores cantidades, poniéndola más alto en la pirámide. La leche semidescremada (lowfat) y los productos lácteos semidescremados son importantes también, y comparten el mismo lugar que la carne. De menor importancia son los dulces y las comidas con grasa. Estas comidas deben comerse sólo ocasionalmente.

La dieta hispana típica es baja en frutas y verduras y alta en azúcar. El alimento básico de la comida mexicoamericana es la carne, y la demás comida se prepara para complementar el plato principal. Las porciones son grandes y las comidas se sirven típicamente al estilo familiar.

Para adaptarse a una dieta más saludable usando la pirámide de guía, se sugiere lo siguiente:

*   Haga que la base de sus comidas sean los granos y los cereales. Muchas selecciones con bajo contenido en grasa están disponibles, como tortillas de maíz, bolillos, cereales de granos integrales, arroz blanco y café, y tortillas de trigo integral preparadas con aceite.

*   Coma más frutas y verduras. Es deseable comer cinco porciones al día de frutas y verduras ricas en nutrientes. Cuanto más color tenga la fruta y la verdura, mayor el contenido de vitaminas. Las

salsas a base de tomate son ricas en vitaminas. Las salsas preparadas en casa agregan sabor a la dieta con un mínimo de calorías o sodio. Agregarle verduras al arroz podría ser una manera de comer más verduras. Las frutas y verduras son más saludables cuando se comen sin grasas o salsas adicionales. Las frutas y las verduras también le brindan el beneficio de comer más fibra.

*   La porción de carne magra que una persona se sirve dos veces al día debe ser del tamaño de un mazo de barajas. Examine un mazo de cartas. Le sorprenderá lo pequeño que es. Este tamaño es toda la cantidad que se necesita dos veces al día. Cualquier cantidad que excede de eso es innecesaria. Las carnes pueden acompañarse con arroz o pastas para "estirar" la comida y comer menos carne. El pollo con arroz o fideos es un buen ejemplo. Al combinar cantidades pequeñas de carne con granos o pastas no solo logrará que el dinero le rinda más sino que la comida sea más saludable también.

*   La leche y los productos lácteos semidescremados son importantes para todas las edades y son las mejores fuentes de calcio de nuestra dieta. El calcio es vital para las funciones del cuerpo y para la estructura de los huesos. Una dieta baja en calcio durante la niñez resulta en huesos débiles. Si uno no toma bastante calcio de adulto, los huesos se debilitan aun más. La osteoporosis es un problema de salud costoso que se puede prevenir con una buena alimentación rica en calcio. Los quesos con bajo contenido en grasa constituyen buenas fuentes de calcio.

*   Limite el azúcar y las grasas en la dieta. Una dieta saludable para el corazón limita las comidas grasosas y fritas. Una persona no debe consumir más de 1-3 cucharaditas de aceite o de grasa al día (Cooper 8). El azúcar le agrega muchas calorías a la dieta. Si uno come muchas comidas ricas en azúcar y grasas, es probable que suba de peso. Aprenda a contar el número de gramos de grasas en las comidas que consume. Averigüe la cantidad de azúcar de las comidas. Cada 4 gramos de azúcar de un alimento es igual a una cucharadita de azúcar. ¡Algunas bebidas gaseosas contienen de 12 a 14 cucharaditas de azúcar!

La Pirámide de los Alimentos: Una Guía de Comidas Diarias

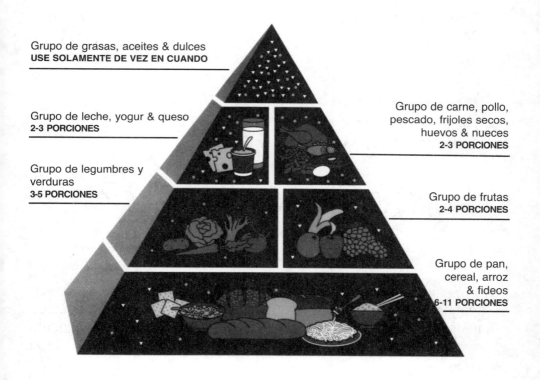

Grupo de grasas, aceites & dulces
USE SOLAMENTE DE VEZ EN CUANDO

Grupo de leche, yogur & queso
2-3 PORCIONES

Grupo de legumbres y verduras
3-5 PORCIONES

Grupo de carne, pollo, pescado, frijoles secos, huevos & nueces
2-3 PORCIONES

Grupo de frutas
2-4 PORCIONES

Grupo de pan, cereal, arroz & fideos
6-11 PORCIONES

CLAVE:
° Grasa (natural y agregada) Δ Azúcares (agregados)
Estos símbolos muestran que la grasa y los azúcares agregados provienen principalmente de grasas, aceites y dulces, pero también pueden pertenecer o ser añadidos a alimentos de otros grupos también.

NORMAS DE NUTRICIÓN PARA AMERICANOS

Use todas estas siete normas para seguir y disfrutar de una dieta saludable.

* Coma una variedad de comidas.
* Mantenga un peso saludable.
* Seleccione una dieta baja en grasas, grasas saturadas y colesterol.
* Seleccione una dieta con bastantes vegetales, frutas y granos integrales.
* Use azúcar en moderación.
* Use sal y sodio en moderación.
* Si toma alcohol, hágalo en moderación.

ETIQUETADO DE LOS ALIMENTOS

Los reglamentos federales requieren que todos los comestibles lleven una etiqueta uniforme de nutrición. Para el consumidor consciente de mantener una dieta saludable, esto es importante. Con leer la etiqueta el consumidor puede saber si un cierto alimento se ajusta o no a su plan de dieta.

Esta nueva etiqueta ofrece muchos beneficios:

* Porciones realistas para ese alimento.

* Porcentaje de un "Valor diario" para ciertos nutrientes basado en una dieta de 2,000 calorías. Así es que, cuando lea una etiqueta, puede ver que un alimento contiene 5 gramos de grasa saturada.

Parece ser muy poco, pero en realidad es el 25% del valor diario de una persona que consume una dieta de 2,000 calorías.

* Valores para los nutrientes más importantes para el consumidor de hoy, consciente de mantener una dieta saludable, como por ejemplo, grasa, grasa saturada, colesterol, sodio y calcio.

Algunas sugerencias prácticas que usted necesitará para usar la etiqueta de nutrición:

* Saber aproximadamente cuántas calorías al día usted requiere. Una Dietista Registrada le puede ayudar a determinar cuántas calorías necesita. Sabiendo cuántas calorías se necesitan le ayudará a ajustar los valores listados en la etiqueta a su dieta personal. Por ejemplo, una mujer que necesita 1500 calorías al día requiere menos cantidades de nutrientes listados. Por lo tanto, 25% del valor diario puede ser en realidad equivalente al 30% para una persona que consume menos de 2,000 calorías al día. Si este fuera el caso, es importante consumir menos cantidad de ese alimento, o evitar ese alimento.

* Identificar las porciones que se sirve con cuidado. ¿Es el tamaño que se sirvió una porción realista? Un buen ejemplo es el helado. Muchas veces las calorías de helado se miden en porciones de 1/2 taza. Mida la mitad de una taza de helado. Aunque una media taza contiene solamente 6 gramos de grasa, una porción más realista de una taza y media va a contener 18 gramos de grasa, el triple, haciendo de ese alimento que parecía contener poca grasa un alimento con alto contenido en grasa.

* Acuérdese: Si el alimento contiene más del 20% del valor diario de grasa y de grasa saturada, es mejor seleccionar otro alimento. Acuérdese que esta cantidad se basa en una dieta de 2,000 calorías y 65 gramos de grasa. Es posible que una persona necesite menos calorías y, por lo tanto, menos grasa.

* Tome en cuenta el tamaño del alimento. Algunos alimentos disponibles en porciones individuales vienen en tamaños muy pequeños. Muchas veces, el tamaño pequeño le puede dejar insatisfecho y hacerle comer más de una porción.

* Una comida "baja" en colesterol contiene menos de 20 mg de colesterol. Use esta cantidad como guía (Smolin 156). Se recomienda comer menos de 300 mg de colesterol al día. Una yema de huevo contiene 213 mg de colesterol. Es uno de los alimentos más altos en colesterol. Limite las yemas de huevo a no más de tres o cuatro por semana. La clara de huevo no contiene nada de colesterol.

* Una comida con bajo contenido en grasa significa una comida más saludable, pero no siempre. El consumidor de hoy busca las comidas con bajo contenido en grasa. Muchas compañías han respondido a esta demanda produciendo alimentos bajos en grasa, pero en cambio les han aumentado el azúcar o han hecho las porciones más pequeñas. Lea las etiquetas con cuidado. Trate de comer alimentos con pocas calorías y grasa.

* Para una persona con problemas cardíacos o una persona que sigue una dieta para la presión alta, baja en sodio, la cantidad de sodio que ingiere no debería ser de más de 2,000 mg al día. Consulte a su médico. Para la persona sin problemas médicos, la cantidad de sal no debe ser de más de 3,000 mg. Acuérdese de estas cantidades cuando lea las etiquetas. Muchas compañías están produciendo alimentos con contenido reducido de sodio.

Obras citadas

Cooper, Kenneth. STEPS FOR LIFE: 12 WAYS FOR INDIVIDUALS TO IMPROVE THE ODDS FOR A LIFETIME OF GOOD HEALTH AND REDUCE THE COST OF HEALTH CARE. Dallas: Cooper Institute for Aerobic Research, 1994.

Información de nutrición

Tamaño de la porción 1/2 taza (114g)
Porciones por envase 4

Cantidad por porción

Calorías 90	Calorías de grasa 30

	% Valor diario*
Grasa total 3 g	**5%**
Grasa saturada 0 g	**0%**
Colesterol 0 mg	**0%**
Sodio 300 mg	**13%**
Total de carbohidratos 13 g	**4%**
Fibra dietética 3 g	**12%**
Azúcares 3 g	
Proteína 3 g	

Vitamina A 80%	*	Vitamina C	60%
Calcio 4%	*	Hierro	4%

* Los porcentajes del valor diario se basan en una dieta de 2000 calorías. Sus valores diarios pueden ser más altos o más bajos dependiendo de sus necesidades calóricas:

		Calorías 2000	2500
Grasa total	menos de	65 g	80 g
Grasa sat	menos de	20 g	25 g
Colesterol	menos de	300 mg	300 mg
Sodio	menos de	2400 mg	2400 mg
Total de carbohidratos		300 g	375 g
Fibra		25 g	30 g

Calorías por gramo
Grasa 9   *   Carbohidratos 4   *   Proteína 4

Grasa total

La mayoría de las personas necesita reducir el consumo de grasa. Comer demasiada grasa puede contribuir a enfermedades del corazón y al cáncer. Trate de limitar las calorías provenientes de grasa. Para un corazón sano, escoja alimentos con una gran diferencia entre el número total de calorías y el número total de grasa

Grasa saturada

La grasa saturada es parte de la grasa total de los alimentos. Es el ingrediente clave para elevar el nivel de colesterol en la sangre y del riesgo de enfermedades de corazón. ¡Coma menos grasa!

Colesterol

Demasiado colesterol puede dar lugar a enfermedades del corazón. Comprométase a comer menos de 300 mg por día.

Sodio

Usted lo llama "sal", la etiqueta lo llama "sodio". De cualquier forma puede contribuir a la presión arterial alta en algunas personas. Así que mantenga su consumo de sodio bajo: de 2400 a 3000 mg a menos por día.

Valor diario

Los valores diarios se indican para las personas que consumen 2000 ó 2500 calorías diarias. Si usted necesita comer más, su valor diario puede ser más alto que el indicado en la etiqueta. Si necesita comer menos, su valor diario puede ser más bajo.

Para la grasa, la grasa saturada, el colesterol y el sodio, escoja alimentos con un bajo % de valor diario. Para el total de carbohidratos, de fibra dietética, de vitaminas y de minerales, su meta debe ser alcanzar el 100% de cada uno.

g = gramos (28 g = 1 onza)
mg = miligramos (1000 mg = 1 g)

Tamaño de la porción

¿Es su porción del mismo tamaño al que se indica en la etiqueta? Si usted come una porción doble al tamaño mencionado, necesita duplicar también los valores nutritivos y calóricos. Si come la mitad de la porción indicada, divida los valores nutritivos por la mitad.

Calorías

¿Es su peso más alto que lo normal? ¡Disminuya un poco las calorías! Use como guía el número de calorías en cada porción. Seleccione alimentos bajos en calorías y en grasa.

Total de carbohidratos

Al disminuir el consumo de grasa, podrá consumir más carbohidratos. Los carbohidratos se encuentran en alimentos como el pan, las papas, las frutas y las verduras. Consúmalos con frecuencia. Los carbohidratos proveen más nutrientes que los azúcares de las bebidas gaseosas y los dulces.

Fibra dietética

Los consejos que nos daban nuestras abuelas siguen siendo buenos: "Hay que comer más fibra". Las frutas, las verduras y los granos integrales, los frijoles y los guisantes son buenas fuentes de fibra y pueden ayudarle a reducir el riesgo de enfermedades del corazón y del cáncer.

Proteínas

La mayoría de las personas consume más proteínas de las que necesita. Donde hay proteína animal también hay grasa y colesterol. Consuma porciones pequeñas de carne magra, pescado y aves. Use leche descremada o leche, yogur y quesos bajos en grasa. Pruebe proteínas vegetales como frijoles, granos y cereales.

Vitaminas y minerales

Su meta diaria es de el 100% de minerales y vitaminas que puede lograr consumiendo una amplia variedad de alimentos.

Información de nutrición

Tamaño de la porción 1/2 taza (114g)
Porciones por envase 4

Cantidad por porción

Calorías 90   Calorías de grasa 30

	% Valor diario*
Grasa total 3 g	5%
Grasa saturada 0 g	0%
Colesterol 0 mg	0%
Sodio 300 mg	13%
Total de carbohidratos 13 g	4%
Fibra dietética 3 g	12%
Azúcares 3 g	
Proteína 3 g	

Vitamina A 80%	*	Vitamina C 60%
Calcio 4%	*	Hierro 4%

* Los porcentajes del valor diario se basan en una dieta de 2000 calorías. Sus valores diarios pueden ser más altos o más bajos dependiendo de sus necesidades calóricas:

	Calorías	2000	2500
Grasa total	menos de	65 g	80 g
Grasa sat	menos de	20 g	25 g
Colesterol	menos de	300 mg	300 mg
Sodio	menos de	2400 mg	2400 mg
Total de carbohidratos		300 g	375 g
Fibra		25 g	30 g

Calorías por gramo
Grasa 9   *   Carbohidratos 4   *   Proteína 4

GUÍA DE COMPRAS DE ALIMENTOS Y MODIFICACIÓN

Con tantas alternativas disponibles en el supermercado, comprar los comestibles puede resultarle muy confuso, pero también es fácil recordar que los alimentos más saludables también se encuentran dentro del recinto del supermercado: frutas y verduras, productos de leche descremada, carnes magras y quesos bajos sin grasa. Las verduras congeladas y los jugos de fruta sin endulzar se recomiendan también.

Absténgase al pasar por los pasillos con caramelos, galletas dulces, postres y helados. Escoja mejor alimentos más simples y bajos en calorías.

PRUEBE	EN VEZ DE
Tortillas de maíz, tortillas de trigo hechas con aceite, pan de pita, pan bajo en calorías, bolillos	Tortillas de harina panes con alto contenido en grasa, panecillos
Bagels	Donuts
Carne de res magra, pechuga de pollo, pescado	Entrañas, carne grasosa como el pecho de res *(brisket)*, cerdo
Jamón de pavo, fiambres magros	Jamón
Aguayón de res *(round)* molido, paleta de res molida, carne de pechuga de pavo molida	Carne de res molida

PRUEBE	EN VEZ DE
Imitación de huevos, clara de huevo	Huevos enteros
Queso crema desgrasado	Queso crema
Queso hecho con leche descremada, queso Mozzarella	Queso regular
Yogur descremado, crema agria baja en calorías	Crema agria
Frijoles refritos sin grasa o frijoles preparados con aceite	Frijoles refritos preparados con manteca de cerdo
Aderezo bajo en calorías (menos de 6 gramos de grasa en cada porción)	Mayonesa regular o aderezo regular
Leche descremada	Leche entera
Margarina envasada en jarro de plástico	Mantequilla o margarina
Aceite vegetal líquido	Manteca y manteca de puerco
Frutas frescas o enlatadas en su almíbar	Fruta enlatada en almíbar espeso
Trozos de tortilla al horno Cereal con menos de 6 gramos de contenido sucrosa/porción	Trozos de tortilla fritos
Pretzels o palomitas de maíz	Cereales con alto de azúcar
Galletitas saladas	Tostadas o fritos
Yogur helado o helado desgrasado, sorbete de fruta	Galletas dulces, helado regular o extracremoso
Gelatina sin azúcar	Gelatina o postres regulares
100% jugo de fruta	Bebidas azucaradas

Todos los aceites y grasas disponibles en el supermercado pueden confundirlo a uno. Aunque hay algunas fuentes de grasa mejores que otras, es importante limitar todo tipo de grasa al seguir una dieta saludable. (También lea **Cómo disminuir el colesterol en la sangre, Capítulo uno.**)

FUENTES DE GRASA PARA USAR CON MODERACIÓN	FUENTES DE GRASA A EVITAR USAR MENOS
Aceite de oliva	Manteca de cerdo
Aceite de alazor	Mantequilla
Aceite de cártamo	Grasa de pollo
Aceite de girasol	Grasa de res, ternera, cordero
Aceite de soya	Aceite de coco
Aceite de maíz	Aceite de palma
Margarinas envasadas en plástico con aceite vegetal como ingrediente principal	Manteca, incluyendo toda clase de manteca o margarina vegetal Pan de mantequilla

En el supermercado

Las siguientes sugerencias le pueden ser útiles.

* Compre filete de espaldilla *(flank)* en vez de falda *(skirt)*. Tiene menos grasa.

* El pecho (*brisket*) de res tiene mucha grasa.

* Evite todas las entrañas. Estas incluyen el hígado, los sesos, las mollejas, las tripas y la lengua.

* El contenido de grasa del pavo no está listado en la etiqueta usualmente. El pavo molido normalmente es una combinación de carne blanca y negra, pellejo y grasa. Pídale al carnicero que le muela la carne blanca del pavo.

* Cada una de las partes del pollo contiene diferente nivel de grasa. El pecho tiene el menor contenido de grasa, le sigue la pata y luego el muslo. Acuérdese de quitarle todo el pellejo y el exceso de grasa antes de cocinarlo.

Las siguientes son las selecciones de carne que se recomienda comprar:

Las palabras claves a recordar son *aguayón/lomo (round/loin)* de la carne de res, lomo, pierna del cerdo, del cordero y de la ternera. Estas palabras en la etiqueta indican un contenido de grasa más bajo. Trate de comprar trozos de carne que tienen la palabra "select" en la etiqueta. Esto también indica un contenido de grasa más bajo. Aunque esté cocinando carne magra, escurra todo el exceso de grasa.

Carne de res: *round tip, top round, eye of round, top loin,* chuleta de lomo, y bistec

Cerdo: lomo*, top loin* sin hueso, centro de chuleta de lomo

Aves: pechuga de pollo sin piel, pata de pollo sin pellejo, carne de pavo blanca sin pellejo, carne de pavo negra sin pellejo

Cordero: lomo, chuleta, pata

Compre **pescado** cuando vaya al mercado. Se recomienda el pescado fresco o congelado o enlatado en agua.

Selecciones recomendadas en restaurantes de comidas preparadas

Artículo	Grasa (g)	Calorías	Colesterol (mg)	Sodio (mg)
Jack in the Box				
Chicken Fajita Pita				
(c/s queso)	8	292	34	704
Taco	11	187	18	406
Taco Bell				
Bean Burrito	11	359	13	922
Bell Beefer	13	312	39	855
Taco	11	183	32	276
Soft Taco	12	228	32	516
Chicken Fajita	10	226	44	619
Pintos & Cheese				
c/salsa	8-9	194	19	733
Steak Fajita	11	234	14	507
Tostado	11	243	18	670
Border Lights™				
Light Taco	5	140	20	NA
Light Soft Taco	5	180	25	NA
Light Taco				
Supreme™	5	160	20	NA
Light Soft Taco				
Supreme®	5	200	25	NA
Light Chicken				
Soft Taco	5	180	30	NA
Light Bean Burrito	6	330	5	NA
Light Chicken Burrito	6	290	30	NA
Light 7-Layer Burrito	9	440	5	NA
Light Burrito				
Supreme®	8	350	25	NA
Light Chicken				
Burrito Supreme	10	410	65	NA
Light Taco Salad				
c/s chips	9	330	50	NA
Taco Johns				
Heart Smart™				
Bean Burrito	4	294	10	642
Beef Burrito	9	309	22	591
Chicken Fajita Burrito	6	294	36	880
Chicken Fajito				
Softshell	2	149	26	639
Softshell Taco	4	165	16	406
Taco Salad	7	276	24	777

Recursos para más información de salud y de nutrición se enumeran en la próxima página.

Office of Minority Health Resource Center (OMHRC)
Oficina Centro de Recursos de Salud para las Minorías
P.O. Box 37337
Washington, DC 20013-7337
(800) 444-6472
Establecida por el gobierno federal, el OMHRC provee una línea telefónica de información con especialistas bilingües. Llame or escriba para una lista de publicaciones y de recursos de salud locales, del estado y federales.

American Heart Association National Center
Centro Nacional de la Asociación Nacional del Corazón
7272 Greenville Avenue
Dallas, TX 75231-4596
(800) USA-AHA1 or (800) 872-2421
Varios libros, folletos y boletines están disponibles gratuitamente o por un precio nominal. Información sobre el corazón, la alta prisión, la nutrición y el ejercicio, derrames cerebrales y factores de riesgo. Información en español.

US Department of Agriculture (USDA)
Ministerio de Agricultura de los Estados Unidos
Center for Nutrition Policy and Promotion
Centro para Normas y Promoción de la Nutrición
Suite 200, North Lobby 1120 20th Street NW
Washington, DC 20036
(202) 606-8000 Información sobre publicaciones
Las publicaciones incluyen información sobre las Normas de nutrición para americanos y la Pirámide de los alimentos. Algunos boletines están disponibles en español.

American Dietetic Association/National Center for Nutrition and Dietetics
Asociación Americana de Dietética/ Centro Nacional para Nutrición y Dietética
Consumer Nutrition Hot Line Phone (800)366-1655
Horario de 9:00 am a 4:00 pm (hora central) de lunes a viernes
Mensajes en inglés y español, puede hablar con una dietista registrada en inglés. Folletos sobre nutrición disponibles en español.

USDA Meat and Poultry Hotline (800)535-4555
Horario de 9:00 am a 5:00 pm (hora este) de lunes a viernes
Grabaciones de último momento con información sobre la seguridad de alimentos y la oportunidad de hablar con una dietista registrada.

American Seafood Institute Seafood Hotline
Línea telefónica del Instituto de Mariscos
(800) 328-3474 de 9:00 am a 5:00 pm (hora este) de lunes a viernes
Para preguntas sobre la compra, preparación y valor nutritivo de productos de mariscos.

CAPÍTULO TRES

CAPÍTULO TRES

LA COCINA MEXICANA

La cocina mexicana: ingredientes y utensilios esenciales

Para cocinar comida mexicana auténtica, se recomienda usar ciertos utensilios. Muchos de estos utensilios se encuentran en la sección hispana de los supermercados o en tiendas especializadas en artículos de cocina. Al final de este capítulo se listan catálogos donde estos utensilios se pueden encargar por correo.

Comal (plancha)
Un comal puede ser útil, pero no es absolutamente necesario. Un comal eléctrico cocina más uniformemente y cocina más tortillas al mismo tiempo. Si no tiene uno eléctrico, un comal para poner sobre la estufa le servirá igual de bien.

Exprimidor de limas
Exprime el jugo de limas y es fácil de usar y lavar. Consiste de dos piezas de metal parecidas a dos cucharas juntadas con una bisagra. Uno de los lados está agujereado para que se escurra el jugo. Se pone la mitad de una lima en medio de las dos cucharas de metal y se exprime para que salga el jugo.

Molcajete
Se usa una piedra volcánica para moler especies como comino, pimienta y ajo. El molcajete funciona como un mortero. Lo áspero de la piedra es excelente para moler especies auténticas. Si no tiene molcajete, también puede moler las especies en la licuadora. (Lea el capítulo sobre **Aperitivos y salsas**.)

Sartenes de teflón
Esencial para la cocina mexicana saludable. Usar sartenes con cobertura antiadherible ayuda a disminuir la cantidad de grasa que se usa para cocinar.

Rodillo
Se usa para hacer tortillas de harina.

Prensa de tortillas	La prensa se usa para preparar tortillas de maíz. Consiste de dos piezas de metal redondas, preferiblemente de hierro, de 6 a 8 pulgadas en diámetro con una palanca del lado opuesto a la bisagra. La masa se pone en el centro de la prensa, y un lado se baja usando la palanca para formar la tortilla usando presión lenta. Si no tiene prensa, puede usar las manos para formar las tortillas de maíz.
Cesto para las tortillas	Un envase aislado con la tapa aislada. Un cesto de corcho blanco con tapa aislante que se cierra bien es barato y es perfecto para que las tortillas se queden calentitas.

Sigue una lista de ingredientes esenciales para preparar platos mexicanos saludables y sencillos. Estos abarrotes deben encontrarse en una cocina mexicana bien surtida.

Pimiento entero

Cilantro

Tortillas de maíz o masa de harina

Comino entero

Harina

Ajo

Chiles verdes

Lechuga

Queso bajo en grasa

Especies mexicanas (comino entero y pimienta entera)

Frijoles pintos

Cebollas

Arroz

Tomates

Salsa de tomate

SUGERENCIAS ÚTILES PARA PREPARAR PLATOS MEXICANOS

Las **sartenes de teflón** son esenciales para poder cocinar con poca grasa. La comida no se pega a la sartén y requiere menos grasa. Cuando use sartenes con revestimento de teflón, use fuego lento para que no se queme la comida.

Se pueden preparar especies en el **molcajete** o en la licuadora. Use ajo, comino y pimienta. Mezcle con poca agua. Las especies se mantienen por unos catorce días en el refrigerador. Las especies añaden sabor a las comidas bajas en grasa.

Los **frijoles "refritos"** no tienen que freírse necesariamente. Prepare frijoles bajos en grasa y use un majador de papas y machaque hasta obtener una pasta gruesa. Cocínelos a fuego lento para que se evapore el agua. No se necesita agregarles aceite ni manteca.

Las **tortillas de maíz** contienen muy poca grasa comparado con las tortillas de harina. También se pueden preparar en casa con masa de harina de maíz usando poca sal. Es mejor comer las tortillas de maíz en vez de las de harina. Una tortilla de harina contiene tres veces la cantidad de grasa de una tortilla de maíz.

Las **salsas** preparadas en casa sin grasa adicional dan mucho sabor y añaden vitaminas a la comida. El tomate y los chiles contienen mucha vitamina C. Las salsas preparadas en casa contienen menos sal que las compradas.

Cuando **dore verduras** para una comida, córtelas fino y dórelas usando líquido antiadherible sin grasa o una cantidad muy pequeña de aceite. Reduzca el fuego y cuide de que no se quemen.

Cuando prepare **guisados,** acuérdese de quitar todo el pellejo del pollo y toda la grasa visible de la carne que va a dorar. Dore a fuego lento y escurra todo el exceso de grasa antes de agregar los demás ingredientes.

Use **tortillas horneadas** para hacer tostadas, chalupas y tacos. ¡Saben bien ricas!

Experimente con **quesos desgrasados** cuando prepare sus comidas mexicanas. O mezcle queso desgrasado con queso regular para reducir la cantidad total de grasa.

Elimine el uso de la manteca de cerdo y de la grasa vegetal (shortening). Sustituya con aceites y margarina blanda de envase plástico para preparar sus recetas. En cantidades pequeñas, las margarinas líquidas son mejores.

Aumente las vitaminas, añadiendo **verduras frescas** a los frijoles, al arroz y a los fideos.

Prepare **arroz o fideos** con poquito aceite. El arroz mexicano también se puede preparar al vapor en vez de frito. Se le agregan todas las especies normales para darle un rico sabor.

Las **tortillas de harina** se pueden preparar con aceite en vez de manteca para hacerlas más saludables. También se pueden preparar **tortillas de trigo integral** que contienen más fibra y vitaminas.

No les agregue ingredientes como mayonesa y crema agria a los aguacates cuando prepare guacamole. Estos condimentos le agregan o muchas más calorías a un alimento ya alto en calorías. Agréguele legumbres frescas como cebolla y tomates, o salsa casera y jugo de lima. El guacamole se debe de consumir únicamente de vez en cuando pues contiene mucha grasa.

Cuando cocine los **frijoles pintos**, agregue cantidades pequeñas de grasa. No es necesario agregarles pedazos grandes de carne de cerdo muchas tajadas de tocino; una sola tajada de tocino y un poco de aceite bastan para darle buen sabor. Trate de usar aceite de oliva y una variedad de verduras como apio, zanahoria, cebolla, cilantro y tomates. Añaden **sustancias nutritivas fuertes y sabor** a los frijoles pintos.

Para una dieta baja en **sal**, omita la sal y sustituya los ingredientes salados de las recetas. Constate el contenido de sodio antes de preparar las recetas. Muchas de ellas tienen contenidos bajos o moderados de sodio, pero hay unas pocos que llevan más abundancia de sodio. También, una Dietista Registrada le puede sugerir otras opciones.

GLOSARIO

Achiote
Especie usada por los hispanos del Caribe. Su color es similar al azafrán.

Adobado
Salsa hecha con chiles, cebollas y otras especies usadas para estofar la carne.

Albóndigas
Bolitas de carne, usadas a menudo en sopas. Pueden ser también de pescado.

Bolillo
Panecillo de corteza dura, similar al pan francés.

Burrito
Carne o frijoles envueltos en una tortilla, usualmente de harina. Puede incluir queso. Algunas veces se fríe.

Calabaza
Nombre genérico de varios tipos frutos comestibles de calabaceras.

Caldo
Sopa o consomé.

Camarón
Marisco crustáceo.

Carne
Puede ser de res, cerdo o ave.

Chalupa
Tortilla crocante con capas de frijoles, queso, lechuga y tomates.

Chipotle
Jalapeños ahumados en salsa de tomate.

Cilantro
Hierba usada en muchos platos mexicanos. Escójalo verde brillante con hojas firmes y frescas. Guarde en el refrigerador con los tallos en agua.

Carne guisada
Carne estofada una salsa de tomate picante.

Chiles
Ajíes cuyo sabor abarca desde suave a muy picante. Se pueden comprar frescos, en lata o secos. Incluyen los jalapeños, los serranos y los de Anaheim.

Chorizo
Salchicha hecha con especies y vinagre.

Comino
Especie usada en muchos platos mexicanos. Puede usarse entero o molido.

Dorar
Freír hasta que la comida adquiera un color dorado.

Elote
Mazorca de maíz fresco.

Enchiladas
Carne, queso o legumbres envueltos en una tortilla de maíz y cocinados en el horno en una salsa, usualmente de chiles o tomatillo.

Encilantrado
Plato preparado con salsa de cilantro

Empanadas
Pastelitos de postre o de carne.

Escabeche
Solución para marinar picante para los jalapeños y otras verduras usada para retener o añadir sabor. Contiene ajo y vinagre entre otros ingredientes.

Epazote
Especie usada en la cocina mexicana para el arroz y los frijoles. Escoja hojas firmes de color pardusco y guarde en el refrigerador en agua.

Fajitas
Bistec de falda.

Fideo
Vermicelli.

Flan
Postre de huevo con leche con azúcar caramelizada encima.

Fresco
Crudo, no cocido.

Garbanzo
De la misma familia que los frijoles, se usa mucho en la cocina mexicana.

Gazpacho
Sopa española fría a base de tomate.

Guisado
Método de preparar carnes. La carne se dora y se prepara en una salsa de tomate con especies.

Hongos
Champiñones

Jalapeño
Chile medianamente picante. Puede comprarse fresco o en lata.

Jícama
Raíz que se come usualmente cruda. Como el rábano, pero más dulce, hay que pelar su corteza café-grisácea antes de comerla. Escoja plantas firmes sin manchas oscuras. Guárdela en el refrigerador.

Mango
Fruta tropical, rica en vitaminas A y C. Ovalada y de color amarillo verdoso. La fruta madura no tiene manchas café y se hunde al apretarla suavemente.

Mariscos
Frutos de mar: pescados y camarones

Masa
Puede ser de harina de trigo o de maíz.

Masa de harina
Masa de harina de maíz que se usa para hacer tamales y tortillas de maíz.

Mezcla de especies mexicanas
Mezcla de comino y granos de pimienta.

Molcajete
"Mortero y mano" de roca volcánica usado desde los tiempos antiguos para moler especies.

Nopalito
Hoja de cacto tierna. Se come crudo o cocido.

Picante
Sabor fuerte y acerbo.

Pozole
Guisado de chiles con maíz y chile.

Quesadilla
Tortillas preparadas con queso.

Repollo
Col.

Salsa
Hecha de diferente maneras, usualmente a base de tomates. Puede ser cocida o fresca.

Semita
Pan dulce hecho con anís.

Suiza
Preparado con una salsa verde de tomatillo y algunas veces con crema agria.

Taco
Tortilla crocante rellenada con carne picante y tomates, lechuga y queso.

Tamales
Masa de harina de maíz cocida con relleno de carne con especies en hojas de maíz.

Tortas
Frijoles y queso calentados en panecillos de tipo francés.

Tortillas
Pan finito, redondo cocinado en un comal. Puede ser de harina de trigo o de maíz.

CHILE

El uso del chile en la comida hispana se remonta a los tiempos de los antiguos indios mayas y aztecas. En su diario, Cristóbal Colón describió el uso del chile por los nativos y observó que los europeos encontraban esta nueva comida a su gusto (Toussaint-Samat 515).

La tradición de usar diferentes variedades de ajíes o chiles en la cocina mexicana y mexicoamericana continúa y, por lo tanto, requiere algunas sugerencias. Aunque no todas las variedades de chiles son tan picantes como para causar problemas, de todas maneras es mejor usar precaución con todas ellas. Use guantes cuando corte chiles, especialmente si son frescos. Las partes de los chiles más potentes son las semillas y las membranas. Hay que quitar estas partes al usar chiles frescos o enlatados. Si no usa guantes, no se toque los ojos o la boca con las manos para que los poderosos aceites que los ajíes contienen no le quemen. La mejor regla es que use precaución, y, si tiene duda, use guantes para tocar todos los chiles salvo los más dulces.

Chile Anaheim
De 4-5 pulgadas de largo, 1 1/2 pulgadas de ancho, de color verde mediano, tiene una apariencia "torcida". Es el tipo de chile más común. Disponible fresco o enlatado. En muchas recetas, es llamado chile verde. No es picante.

Chile chipotle
Los chiles chipotles son chiles jalapeños ahumados que se enlatan en una salsa de chile roja. Usualmente, se enlatan picados.

Chiles jalapeños
De 2-3 pulgadas de largo, 1 pulgada de ancho, de color verde oscuro. Muy picantes. Se pueden encontrar frescos, enlatados y "en escabeche".

Chiles poblanos

De 4-5 pulgadas de largo, 2-3 pulgadas de ancho, de color verde oscuro, picantes. Se usan para hacer chiles rellenos y en salsas.

Chiles serranos

De 1-2 pulgadas de largo, 1/2 pulgada de ancho, de color verde oscuro y muy picantes. Se encuentran comúnmente frescos. Se usan para hacer PICO DE GALLO.

Muchas recetas requieren tostar los chiles. Los chiles tostados dan un delicioso sabor ahumado a las auténticas comidas mexicanas. Existen muchas maneras de tostar chiles. Las siguientes sugerencias le pueden ser útiles.

Prepare los chiles enjuagándolos en agua tibia. Póngalos sobre una tabla o bandeja para hornear. Caliente el asador. Ponga los chiles debajo del asador de 6 a 8 minutos o hasta que la piel levante ampollas. Voltéelos para que se cocinen uniformemente. Sáquelos del asador, póngalos dentro de una toalla limpia y húmeda. También se pueden poner en una bolsa de papel por 10 minutos. Sáquelos de la bolsa y pélelos con cuidado. La piel debe quitarse con facilidad. Quíteles las venas, las semillas y los tallos.

Otro método que se usa es el de tostar los chiles en un comal o en una sartén grande. Ponga los chiles limpios en un comal y voltéelos para que se quemen uniformemente. Usar una paleta ayuda a poner presión a los chiles para que se cocinen. Póngalos dentro de toallas limpias y húmedas o en una bolsa de papel por 10 minutos. Pélelos con cuidado.

El método que probablemente resulte en los chiles más sabrosos es cocerlos a la parrilla, alumbrada preferiblemente con una madera fragante, como el "mesquite". Ponga los chiles en la parrilla caliente y voltéelos cuidadosamente para que todo el chile se tueste uniformemente. Póngalos dentro de una toalla limpia y húmeda.

Obra citada
Toussant-Samat, Maguelone. HISTORY OF FOOD. Cambridge: Blackwell Publishers, 1993.

GUÍA DE PROVEEDORES ESPECIALIZADOS

Brown's Edgewood Gardens Herb Catalog
2611 Corrine Drive
Orlando, Fl 32803
(407) 896-3203
Plantas de cilantro, orégano mexicano fresco, plantas de ajo.
Pedido mínimo de $10.00. Catálogo $3.00.

Fiesta Mart
#19 1005 Blalock
Houston, Texas 77055
(713) 461-9664
Attn: Tom Stamas, International Foods Store.
No envían mercadería por correo, pero es bueno visitarlos cuando está en el área. Ofrecen clases de arte culinaria.

Mellinger's
2310 West South Range Road
North Lima, OH 44452-9731
Semillas de tomatillo por correo.

Mexican Products and Spices Company
RR1 Box 1191
La Feria, TX 78559
(210) 636-1288
Ordenes de mayoreo e individuales. Publican un boletín o lista de productos. Sus especialidades incluyen muchas especies mexicanas.

New Mexico Catalog
1700 Shalem Colony Trail
PO Box 261
Fairacres, NM 88033-0261
(800) 678-0585
Pedidos por correo para pozole y molcajetes.

New Mexico Connection de Nuevo Mexico
2833 Rhode Island NE
Albuquerque, NM 87110
(505) 292-5493 o (800) 933-2736
Catálogo gratis. Venden masa de harina, hojas para tamales, algunas especies, chiles frescos y pozole.

The Quaker Oats Company
PO Box 9003
Chicago, IL 60604-9003
Fabricante de masa de harina de maíz. Disponible en muchos supermercados.

Rafal Spice Company
2521 Russell
Detroit, MI 48207
(313) 259-6373
Chiles, chile en polvo, orégano mexicano, salsa, moledores de pimienta.
Catálogo gratis.

Texas Edibles and Special Gifts
4004 W. Jasmine St.
Pearland, TX 77588-2062
(800) 252-6838
Salsas por correo preparadas con ingredientes frescos sin nada artificial. Venden una salsa de tomate verde que es un excelente sustituto para la salsa de tomatillo que se usa en muchas recetas.

IDEAS PARA MENÚS

FIESTA DE NOCHEBUENA

Dip mexicano saludable
Tamales
Frijoles de la tía
Ensalada de zanahoria y
cilantro
Empanadas
Margaritas vírgenes*

CINCO DE MAYO

Burritos verdes
Arroz con limas
Calabazas sur tejanas
Budín de kahlua

AÑO NUEVO

Caviar de Tejas
Tortillas doradas
Tamales de pollo
Frijoles de la tía
Cazuela de arroz del suroeste
Coyotitas

ESPECIALIDADES TEX-MEX

Ensalada de repollo
Carne guisada
Frijoles de mi tía
El mejor arroz mexicano

PARA LOS HUÉSPEDES

Ensalada de jícama
Cazuela King Ranch
Ensalada Fiesta Mexicana
Bolillos
Budín de fresa y plátano

PARA EL ALMUERZO

Ensalada de frijoles pintos
Salsa de cebolla y tomate
Tortas
El mejor arroz mexicano
Postre de fruta

VÍSPERA DE TODOS LOS SANTOS

Tortillas horneadas
Dip Fiesta del Sol
Palitos de zanahoria*
Chile blanco
Tortillas frescas de maíz
Manzanas*

APERITIVOS
Y
SALSAS

APERITIVOS Y SALSAS

UNA NOTA ACERCA DE CÓMO ASAR VERDURAS

Últimamente, es cada vez más común encontrar verduras asadas en recetas americanas, pero en la comida mexicana auténtica siempre se han usado.

Al asar hortalizas, los azúcares naturales de los vegetales se caramelizan, realzando su sabor. Las verduras se pueden asar sobre un fuego de mesquite, en un horno bien caliente, y hasta en una sartén muy caliente. El sabor final va a depender del método que se use, y aunque hay que tener cuidado para asar las legumbres, este proceso es fácil y añade un sabor auténtico a los platos mexicanos.

Al asar en el horno, forre el molde de hornear con papel de aluminio para hacer más fácil su limpieza. Chequee las verduras con frecuencia porque la temperatura del horno es muy, muy alta y se pueden quemar rápidamente. Para una cocción uniforme use pinzas de metal para girar las verduras. Tenga cuidado al sacarlas del horno pues el molde va a estar muy caliente.

¡Los resultados son deliciosos!

EL MOLCAJETE

El uso del molcajete, un instrumento para moler, se remonta a las antiguas civilizaciones indígenas. Un molcajete auténtico está hecho de piedra volcánica cuya textura áspera es lo que hace moler las especies.

El molcajete está hecho de dos pedazos de piedra volcánica. La parte de abajo tiene forma de tazón y la de arriba, que se usa para golpear las especies que se muelen, forma de cono. El molcajete es probablemente el antepasado del mortero y mano de hoy.

Las especies más comunes que se muelen en el molcajete son el comino, la pimienta y el ajo. La combinación de estas especies es lo que le da sabor rico y aroma característica a la comida mexicana. Ocasionalmente, el molcajete se usa para preparar y servir guacamole y salsa. Los molcajetes varían en tamaño y pueden tener diferentes formas.

Un utensilio de cocina parecido al molcajete es el *metate*. El metate se usa para moler el maíz para tortillas, tamales y otras comidas de maíz molido y fue usado por los antiguos indios también. El metate está también hecho de piedra volcánica, pero tiene forma rectangular en pendiente. Es más grande que el molcajete para poder moler el maíz golpeándolo de arriba hacia abajo.

Los molcajetes son instrumentos maravillosos que todos los cocineros mexicanos necesitan. En el **Capítulo tres** se encuentra una guía para comprar un molcajete, pero si no puede encontrar uno, este libro contiene una receta para preparar estas especies en la licuadora. Obtendrá el mismo rico sabor.

DIP DE FRIJOL

3   **tazas de frijoles DE LA TÍA preparados con poca grasa (página 202)**

1/2   **taza de jalapeños cortados en rodajas o picados, sin semillas**

Usando un majador de papas, prepare un puré de frijoles. Agregue los jalapeños picados finos y mezcle bien. Se puede comer frío o puede calentarlo en el horno microondas para servirlo caliente.

<u>Rinde 6 porciones</u>

Análisis nutritivo: 1 porción
62 calorías, 3 g grasa, 6 g fibra, 230 mg sodio, 1 g grasa saturada, 2 mg colesterol
Intercambios para diabéticos: 1 1/2 PAN

QUESADILLAS DE CHILE

3	onzas de queso tipo Monterrey Jack, desgrasado, rallado
3	onzas de queso tipo Monterrey Jack, regular, rallado
1/2	taza de chiles verdes tipo California, picados, escurridos
6	tortillas de maíz

Mezcle los quesos juntos.

Caliente las tortillas en un comal caliente. Espolvoree cada tortilla con queso y chiles. Siga calentando en el comal hasta que el queso se derrita. Doble por la mitad. Sirva con salsa casera.

Rinde 3 porciones

Análisis nutritivo: 1 porción
315 calorías, 15 g grasa, 2 g fibra, 334 mg sodio, 3.5 g grasa saturada, 38 mg colesterol
Intercambios para diabéticos: 2 PAN, 2 CARNE, 2 GRASA

DIP DE SALSA
CON QUESO

1   **taza de requesón con 1% de grasa**
2   **cucharadas de queso crema, bajo en grasa**
1/2   **taza de salsa**

Pónga todos los ingredientes en una licuadora o un robot de cocina. Haga puré de los ingredientes. Póngalo en el refrigerador por un mínimo de cuatro horas.

<u>Rinde 4 porciones</u>

Análisis nutritivo:1 porción
20 calorías, 0 g grasa, 1 g fibra, 130 mg sodio, 0 g grasa saturada, 0 mg colesterol
Intercambios para diabéticos: 1 CARNE

DIP FIESTA DEL SOL

1	pinta de requesón desgrasado
1/2	taza de chiles verdes de lata
2	tomates, sin semillas, bien picados
1/2	taza de cebollas verdes, bien picadas
1/2	cucharadita de sal
1/2	cucharadita de salsa negra
3	gotas de salsa tabasco

Ponga todos los ingredientes en la licuadora y licúe hasta obtener una masa homogénea. Enfríe en el refrigerador por un mínimo de cuatro horas o durante la noche para que se mezclen los sabores.

Rinde 8 porciones

Análisis nutritivo: 1 porción
65 calorías, 1 g grasa, 1 g fibra, 630 mg sodio, 1 g grasa saturada, 3 mg colesterol
Intercambios para diabéticos: 1/2 VERDURA, 1 CARNE

QUESADILLAS
A LA PARRILLA

Estos aperitivos se pueden usar para barbacoas. ¡Son bajos en grasa y deliciosos!

4	**tortillas de maíz**
4	**onzas de queso tipo Mozzarella de leche descremada, rallado**
1/2	**taza de cebolla verde, bien picada**
3	**cucharadas de jugo de lima fresca, colado**

Ponga las tortillas en la parrilla y caliéntelas de ambos lados. En cada tortilla, ponga 1/4 del queso y 1/4 de las cebollas. Espolvoree el jugo de limón en cada tortilla. Caliente en la parrilla hasta que se derrita el queso. Doble por la mitad para servir como aperitivo.

<u>Rinde 4 porciones</u>

Análisis nutritivo: 1 porciónes
140 calorías, 5 g grasa, 1 g fibra, 135 mg sodio, 3 g grasa saturada, 16 mg colesterol
Intercambios para diabéticos: 1 PAN, 1 CARNE, 1 GRASA

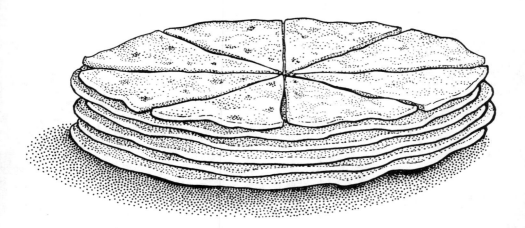

DIP DE FRIJOL CASERO

2	tazas de frijoles cocidos, escurridos
1/2	taza de chile verde tipo California de lata, picado
1/2	taza de salsa de tomate, sin sal
1/3	taza de cebolla, bien picada
1	cucharada de vinagre de sidra
5	gotas de salsa Tabasco

Combine todos los ingredientes en la licuadora. Licúe hasta que quede homogéneo. Ponga en el refrigerador por 4-5 horas o durante la noche para que se mezclen los sabores. Se sirve caliente o frío con tortillas tostadas o pita tostada.

Rinde 12 porciones

Análisis nutritivo: 1 porción
55 calorías, 1 g grasa, 2 g fibra, 175 mg sodio, 0 g grasa saturada, 1 mg colesterol
Intercambios para diabéticos: 1/2 VERDURA, 1/2 PAN

HONGOS

6	**hongos grandes**
1/4	**taza de cebolla, bien picada**
2	**cucharaditas de margarina desgrasada en envase de plástico, dividida**
2	**cucharadas de chiles tipo California bien picados**
2	**cucharadas de queso crema sin grasa**
1/4	**cucharadita de sal**
1/8	**cucharadita de pimienta**

Caliente el horno a 350°.

Lave los hongos y separe los tallos de los sombreretes. Pique los tallos bien. En una sartén de teflón, ponga una cucharada de margarina y dore los tallos de los hongos junto con las cebollas. Agregue los chiles y caliente por 1-2 minutos.

Quite del fuego, y mezcle con el queso crema. Agregue la sal y la pimienta. Guarde.

En un tazón separado, combine los sombreretes de los hongos con el resto de la margarina. Hornee en el microondas por 30 segundos y mezcle bien. Repita dos veces. Deje que se enfríe.

Rellene los hongos con el queso crema. Caliente en el horno a 350° por 5-10 minutos para calentar bien.

<u>Rinde 3 porciones</u>

Análisis nutritivo: 1 porción
20 calorías, 1 g grasa, 1 g fibra, 240 mg sodio, 0 g grasa saturada, 0 mg colesterol
Intercambios para diabéticos: 1/2 VERDURA

HONGOS CON JALAPEÑOS

4   **tazas de jalapeños en escabeche, con líquido**
4   **tazas de hongos frescos y limpios**

Ponga los jalapeños y los hongos en una cacerola con tapa. Déjelos en el refrigerador durante la noche. ¡Cuanto más tiempo los deje, más picantes se pondrán!

Sírvalos fríos o a temperatura ambiente.

<u>Rinde 8 porciones</u>

Análisis nutritivo: 1 porción
25 calorías, 1 g grasa, 2 g fibra, 450 mg sodio, 0 g grasa saturada, 0 mg colesterol
Intercambios para diabéticos: 1 VERDURA

DIP MEXICANO SALUDABLE

El repollo morado hace un bonito centro de mesa con el dip adentro y verduras frescas alrededor.

2	**tazas de yogur natural sin grasa**
1/4	**taza de salsa preparada**
	o SALSA MAÑANERA (página 71)
1/2	**taza de cebolla verde, bien picada**
1	**repollo morado**

Mezcle el yogur, la salsa y las cebollas. Ponga la mezcla en el refrigerador durante la noche.

Antes de servir, enjuague el repollo y con un cuchillo, corte el centro dejando aproximadamente una pulgada alrededor. Vierta el dip en la cavidad y sirva con muchas verduras frescas.

<u>Rinde 8 porciones</u>

Análisis nutritivo: 1 porción
20 calorías, 0 g grasa, 0 g fibra, 98 mg sodio, 0 g grasa saturada, 1 mg colesterol
Intercambios para diabéticos: 1/2 LECHE

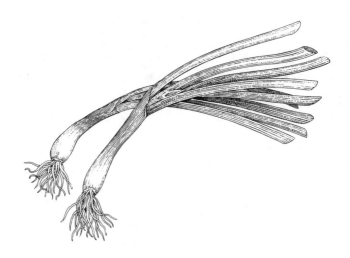

NACHOS DELICIOSOS

6	tortillas de maíz
4	onzas de queso tipo Mozzarella desgrasado, rallado
1/2	taza de chiles tipo California, picados y escurridos

Aceite en rociador sin calorías

Caliente el horno a 500°.

Sumerja las tortillas en agua y déjelas escurrirse brevemente. Córtelas en 6 triángulos para hacer los nachos. Rocíe las bandejas para hornear con el aceite en rociador. Ponga los triángulos en la bandeja de hornear en una sola capa.

Cocínelos en el horno a 500° por 8 minutos, dándoles la vuelta una vez después de 4 minutos. Tenga cuidado: cuando se cocina a estas temperaturas se pueden quemar las tortillas. Reduzca la temperatura a 350°.

Agregue el queso y hornéelo a 350° hasta que se derrita.
Antes de servir, agregue los chiles picados.

Rinde 6 porciones

Análisis nutritivo: 1 porción
110 calorías, 3 g grasa, 1 g fibra, 152 mg sodio, 0 g grasa saturada, 7 mg colesterol
Intercambios para diabéticos: 1 PAN, 1/2 CARNE, 1/2 GRASA

DIP PICANTE

Esta receta demuestra que no es necesario eliminar toda la grasa de la dieta: algunos cambios pequeños hechos por el resto de su vida influirán notablemente.

8   onzas de queso crema desgrasados
4   onzas de salsa picante o salsa casera

En un tazón mediano, mezcle el queso crema con la salsa picante. Mézclelo hasta que esté bien unido. Sírvalo con tostadas al horno, pita de ajo o verduras frescas.

<u>Rinde 8 porciones</u>

Análisis nutritivo: 1 porción
40 calorías, 2 g grasa, 0 g fibra, 193 mg sodio, 0 g grasa saturada, 0 mg colesterol
Intercambios para diabéticos: 1/2 GRASA

JALAPEÑOS RELLENOS

12	jalapeños en escabeche o jalapeños a la parrilla*
3	onzas de queso crema bajo en grasa
1/2	taza de queso Cheddar bajo desgrasado
1/4	taza de cebollas verdes, bien picadas

Corte los jalapeños por la mitad. Bajo el chorro de agua de la llave, enjuague las semillas y quíteles los tallos y las venas a los jalapeños. Póngalos en una bandeja.

En una pequeña cacerola, mezcle los quesos y la cebolla.

Use una cucharita para rellenar cada jalapeño con queso y cebollas. Sirva frío o caliente en un horno a temperatura moderada (350° F) hasta que se derrita el queso.

<u>Rinde 12 porciones</u>

Análisis nutritivo: 1 porción
55 calorías, 2 g grasa, 1 g fibra, 63 mg sodio, 1 g grasa saturada, 5 mg colesterol
Intercambios para diabéticos: 1/4 VERDURA, 1/2 GRASA

* También se pueden usar jalapeños de lata.

CAVIAR DE TEJAS

En el sur de los Estados Unidos, se dice que es buena suerte para el año nuevo comer frijoles de campo el primer día del año. Sirva este aperitivo con tortillas tostadas al horno.

2	latas de 16 onzas de frijoles de campo, escurridos
1	taza de cebolla, picada
1/2	taza de cilantro picado
1 1/2	tazas de salsa picante o de salsa casera

Combine todos los ingredientes. Póngalos en el refrigerador para que se realcen los sabores.

Rinde 8 porciones

Análisis nutritivo: 1 porción
120 calorías, 1 g grasa, 3 g fibra, 659 mg sodio, 0 g grasa saturada, 0 mg colesterol
Intercambios para diabéticos: 1 PAN, 1/2 VERDURA

MEZCLA LICUADA DE ESPECIES MEXICANAS

4	cucharadas de de Mexican Spice Mix*
4	dientes de ajo
1	taza de agua
	o
3	cucharadas de comino en polvo
1 1/2	cucharaditas de pimienta entera (o a gusto)
4	dientes de ajo
1	taza de de agua

Ponga todos los ingredientes en la licuadora. Licúelos hasta que estén bien molidos.

Análisis nutritivo:1 porción

90 calorías, 4 g grasa, 2 g fibra, 33 mg sodio, 0 g grasa saturada, 0 mg colesterol
Intercambio para diabéticos: NINGUNO

* Estas especies se pueden encontrar en la sección de comida hispana del supermercado o por correo...vea las páginas 44-45.

SALSA DE CHIPOTLE

Los chiles chipotle son en realidad jalapeños ahumados en una salsa de chile roja. Hacen una salsa picante deliciosa.

8   **onzas de salsa tomate sin sal**
4   **chiles chipotles en adobo**

Ponga los ingredientes en la licuadora. Licúelos hasta que todo quede homogéneo.

Rinde 8 porciones

Análisis nutritivo: 1 porción
12 calorías, 0 g grasa, 0 g fibra, 57 mg sodio, 0 g grasa saturada, 0 mg colesterol
Intercambios para diabéticos: 1/2 VERDURA

CONDIMENTO DE MAÍZ DENVER

4	cucharadas de azúcar
1	cucharadita de curcuma
3/4	cucharadita de semilla de apio molido
1/4	taza de vinagre blanco
1/4	taza de agua
1	cucharada de almidón de maíz
1/4	taza de cebolla morada, bien picada
1	paquete de maíz congelado, sin sal
2	cucharadas de chile verde, picado
2	cucharadas de cilantro, bien picado
1	tomate, sin semilla y bien picado

En una cacerola para horno de microondas, ponga azúcar, curcuma, semilla de apio y vinagre. Cocínelo en el microondas por un minuto y treinta segundos. Combine el agua y el almidón de maíz en una taza con pico. Mezcle el agua y el almidón. Usando un batidor de alambre, agréguelos al vinagre calentado. Póngalos en el horno de microondas por un minuto más o hasta que empiece a hacer burbujas y a espesarse.

Agregue maíz, cebolla, chile verde, cilantro y tomates. Mezcle todos los ingredientes bien. Póngalo en el refrigerador. Sírvalo frío como condimento para carnes.

Rinde 6 porciones

Análisis nutritivo: 1 porción
83 calorías, 0 g grasa, 1 g fibra, 4 mg sodio, 0 g grasa saturada, 0 mg colesterol
Intercambios para diabéticos: 1 PAN (contiene azúcar)

MAÍZ CON CHILE POBLANO

¡Delicioso y sin nada de grasa!

2	chiles poblanos frescos
1	cebolla pequeña picada
1	diente de ajo, bien picado
2	tazas de maíz congelado
2	cucharadas de cilantro, picado
1/4	cucharadita de sal
1/4	cucharadita de pimienta

Aceite en rociador sin calorías

Caliente el horno a 500°.

Enjuague los chiles poblanos y prepare una bandeja de hornear con papel de aluminio. Ponga los chiles en la bandeja de hornear y cocínelos en el horno, volteando de vez en cuando hasta que estén bien tostados. Inmediatamente ponga los chiles dentro de una toalla húmeda y guarde.

Rocíe una sartén con el aceite, dore las cebollas y el ajo. Agregue el maíz y mézclelo bien. Caliéntelo por 10 minutos.

Mientras, pele los chiles. Quíteles el tallo y las semillas. Corte los chiles en pedacitos pequeños. Añada el chile, cilantro, sal y pimienta al maíz y caliente por cinco minutos más. Sírvalo caliente o frío.

<u>Rinde 8 porciones</u>

Análisis nutritivo: 1 porción
45 calorías, 0 g grasa, 1 g fibra, 69 mg sodio, 0 g grasa saturada, 0 mg colesterol
Intercambios para diabéticos: 1/2 VERDURA

SALSA AHUMADA FÁCIL

Esta salsa tiene un sabor ahumado singular. Pruébela con tortillas tostadas al horno o pan de pita.

1	**libra de tomates**
4	**chiles California frescos**
1	**cucharadita de sal (o a gusto)**

Lave bien los tomates. En un comal bien caliente, cocine los tomates hasta que la piel esté levemente tostada, girándolos frecuentemente para que se quemen uniformemente. Después de cocinarse, sáquelos inmediatamente, sumérjalos en agua con hielo, cuidando que la piel no reviente.

Baje el fuego del comal y caliente los chiles hasta que estén tostados uniformemente. Usando pinzas, ponga los chiles en una toalla de cocina húmeda y limpia. Esto le ayudará a pelar los chiles más fácilmente.

Pele los tomates y póngalos en una cacerola. Pele los chiles y quíteles las semillas y las venas. Tire la cáscara quemada. Mezcle los chiles con el tomate y con un majador de papas, muélalos hasta conseguir una pasta espesa. Agréguele sal y mezcle bien.
Sírvala con tortillas tostadas al horno.

<u>Rinde 4 porciones</u>

Análisis nutritivo: 1 porción
40 calorías, 0 g grasa, 2 g fibra, 130 mg sodio, 0 g grasa saturada, 0 mg colesterol
Intercambios para diabéticos: 1 VERDURA

SALSA DE CHILE COLORADO SIN GRASA

Esta receta es de la Tía Edna y es una salsa roja que se puede usar para enchiladas o con verduras.

1/4	**taza de harina**
2	**cucharaditas de polvo de chile colorado (o a gusto)**
2	**tazas de agua**
1/2	**cucharadita de ajo en polvo**
1/2	**cucharadita de comino molido**
1/2	**cucharadita de cebolla en polvo**
1/2	**cucharadita de pimienta**
1/2	**cucharadita de sal**

Una pizca de pimentón

En una sartén de teflón ponga la harina. A fuego mediano, dore la harina, revolviendo frecuentemente. Hay que cuidar de cerca la harina para que no se queme. Cuando está lista, la harina adquiere un color café arenoso.

Quite la sartén del fuego. Añada el chile en polvo y mezcle bien.

Ponga la sartén al fuego mediano y lentamente agréguele el agua, revolviendo bien para prevenir grumos. Después de agregarle toda el agua, agregue las especies y la sal. Caliente la salsa hasta que comience a hervir. Reduzca el fuego y cocínela a fuego lento por 10-15 minutos.

<u>Rinde 8 porciones</u>

Análisis nutritivo: 1 porción
18 calorías, 0 g grasa, 0 g fibra, 140 mg sodio, 0 g grasa saturada, 0 mg colesterol
Intercambios para diabéticos: NINGUNO

SALSA DE JALAPEÑOS

1	cebolla pequeña, bien picada
1	diente de ajo, bien picado o molido en molcajete
2	tazas de tomates enteros de lata, sin escurrir, sin sal
1/4	cucharadita de orégano
1/4	cucharadita de sal
1/2	taza de jalapeños en lata, picados

Aceite en rociador sin calorías

Rocíe una cacerola grande de teflón con líquido antiadherible. A fuego lento, dore bien las cebollas y el ajo. Agregue los tomates y aplástelos usando un tenedor, un machucador de frijol o majador de papas. Añada las especies y los chiles. Caliente hasta que comience a hervir. Baje el fuego y cocine a fuego lento por 15-20 minutos revolviendo frecuentemente.

Esta salsa se puede servir caliente o fría-¡¡pero cuidado que pica!!

Rinde 8 porciones

Análisis nutritivo: 1 porción
35 calorías, 1 g grasa, 1 g fibra, 74 mg sodio, 0 g grasa saturada, 0 mg colesterol
Intercambios para diabéticos: 1 VERDURA

SALSA MAÑANERA

Esta receta me la dio mi suegra. La salsa es sabrosísima y se puede usar con carnes, huevos, verduras y tamales. Tiene mucho sabor, sabe mejor cuanto más pasa el tiempo y se congela bien. Muchas de las recetas de este libro son preparadas usando esta salsa no picante y versátil.

1	chile verde, sin semillas y bien picado
1	cebolla, bien picada

Aceite en rociador sin calorías

2	latas de 14 onzas de tomates enteros cocidos sin sal, triturados, sin colar
2	latas de 14 onzas de tomates enteros cocidos, molidos, sin colar
3	dientes de ajo
1	cucharadita de comino
1	taza de cilantro, bien picado
1	cucharadita de sal
1	cucharadita de pimienta

En una cacerola de teflón de tres cuartos de galón, dore bien el chile verde y la cebolla en el aceite. Añada los tomates, incluyendo el líquido. Mezcle bien.

Muela las especies en molcajete. Póngales un poquito de agua para desprender las especies y agréguelas a la salsa. Agrégueles sal, pimienta y cilantro.

Caliente hasta que empiece a hervir. Reduzca el calor y cocine a fuego lento para que se mezclen los sabores.

Rinde 32 porciones

Análisis nutritivo: 1 porción
20 calorías, 0 g grasa, 1 g fibra, 131 mg sodio, 0 g grasa saturada, 0 mg colesterol
Intercambios para diabéticos: 1/2 VERDURAS

PICO DE GALLO

Este condimento es muy común en Tejas. Se usa para acompañar carnes, pollo y también mariscos. ¡Sabe a legumbres frescas y saludables!

3   tomates medianos, sin semillas, bien picados
2/3   taza de cilantro, bien picado
1/2   cebolla, picada
Jugo de 1-2 limas medianas
Chile jalapeño o serrano, picado (a gusto)

Mezcle todos los ingredientes. Use como condimento o como ensalada. Se puede guardar por dos días en el refrigerador, pero es mejor cuando se come inmediatamente después de la preparación.

Rinde 6 porciones

Análisis nutritivo: 1 porción
20 calorías, 0 g grasa, 1 g fibra, 7 mg sodio, 0 g grasa saturada, 0 mg colesterol
Intercambios para diabéticos: 1 VERDURA

SALSA DE CHILE COLORADO

Esta receta es para una salsa de chile que se puede usar para enchiladas o verduras.

2	**cucharadas de aceite vegetal**
2	**cucharadas de harina**
1 1/2	**cucharaditas de polvo de chile colorado**
1	**taza de agua**
1/2	**cucharadita de sal**
1	**diente de ajo**
1/2	**cucharadita de comino, o a gusto**

Mezcle la harina con el aceite en una sartén grande de teflón a fuego mediano hasta que se forme una pasta. Cuide que la salsa no se ahume. La harina adquirirá un color de arena café. Cuando esté de este color, quite del fuego y agregue el polvo de chile. Lentamente agregue el agua, batiendo con un batidor de alambre bien para que no se formen grumos. Quite del fuego y agregue los demás ingredientes. Cocine a fuego lento por un mínimo de 15 minutos para que se mezclen los sabores.

<u>Rinde 4 porciones</u>

Análisis nutritivo: 1 porción
81 calorías, 7 g grasa, 0 g fibra, 143 mg sodio, 1 g grasa saturada, 0 mg colesterol
Intercambios para diabéticos: 1 PAN, 2 GRASA

SALSA FRESCA

Esta salsa es fácil de preparar porque todo lo que hay que hacer es poner todos los ingredientes en la licuadora. Se puede congelar o guardar en el refrigerador por cuatro días.

3	**dientes de ajo**
1/2	**taza de cebolla picada**
1	**jalapeño sin semillas**
1/2	**taza de cilantro, sin tallos**
4	**tomates, en cuartos**
2	**cucharadas de jugo de limón fresco**

Ponga todos los ingredientes en la licuadora. Licúe hasta que esté homogénea.

<u>Rinde 8 porciones</u>

Análisis nutritivo: 1 porción
24 calorías, 0 g grasa, 1 g fibra, 6 mg sodio, 0 g grasa saturada, 0 mg colesterol
Intercambios para diabéticos: 1 VERDURA

SALSA FLAMEADA

¡Asar los tomates y chiles sobre una lumbre de mesquite le da un sabor aun mejor a esta salsa!

4	**tomates**
2	**chiles serranos**
1	**diente de ajo**
1/2	**cucharadita de sal**
1/2	**taza de agua**

Corte los tomates en mitades y sáqueles las semillas. Corte los chiles serranos y quíteles las semillas y los tallos. Ponga los tomates y los chiles en la sartén y ase a fuego mediano hasta que estén bien cocidos, pero no quemados. Esto llevará unos 30 minutos.

Ponga los tomates, los chiles, el ajo y la sal en una licuadora o procesador y licúe hasta que quede homogénea. Agregue el agua y siga licuando.

Enfríe y ponga en el refrigerador por 3-4 horas para que se realcen los sabores.

<u>Rinde 8 porciones</u>

Análisis nutritivo: 1 porción
16 calorías, 0 g grasa, 1 g fibra, 112 mg sodio, 0 g grasa saturada, 0 mg colesterol
Intercambios para diabéticos: NINGUNO

SALSA VERDE

10	onzas de tomatillos (un tomatillo mediano pesa como una onza)
1	chile Anaheim fresco
1/4	taza de cebolla bien picada
3	tortillas de maíz, en pedacitos
3	dientes de ajo
4	onzas de espinaca fresca (alrededor de 3 tazas, picada grueso)
3	tazas de caldo de pollo bajo en sodio
1/2	cucharadita de sal

Tueste el chile poniéndolo en un comal caliente. Gírelos hasta que todos los lados estén cocidos. Necesitará una paleta para aplastar el chile para que se cocine bien. Cuando esté cocido, ponga el chile en una toalla limpia y húmeda. Esto le ayudará a pelarlo con facilidad. Pélelo y quítele las semillas y las venas.

Quite la envoltura de los tomatillos y lávelos. Ponga 3/4 de galón de agua en una olla y ponga los tomatillos adentro, hierva por 5-10 minutos. Los tomatillos están cocidos cuando su color es verde oscuro y se hunden al fondo de la olla. Quite del fuego y pase por un colador.

Usando pinzas, ponga los tomatillos en licuadora. Agregue los demás ingredientes. Licúe hasta que quede homogéneo. Devuelva la mezcla a la olla y tápela. Caliente hasta que comience a hervir. Reduzca el fuego, y cocine a fuego lento por una hora para que se mezclen los sabores.

Rinde 8 porciones

Análisis nutritivo: 1 porción
45 calorías, 0 g grasa, 1 g fibra, 91 mg sodio, 0 g grasa saturada, 0 mg colesterol
Intercambios para diabéticos: 1 VERDURA, 1/2 PAN

SALSA AHUMADA

2	libras de tomates frescos
1/2	taza de cebolla, bien picada
2	dientes de ajo
1	cucharadita de aceite de oliva
1/2	cucharadita de orégano
1/2	cucharadita de sal

Pimienta molida

Después de lavar los tomates, póngalos en un comal bien caliente para tostarlos. Voltéelos de lado a lado para que se cocinen homogéneamente. Este proceso durará de 10 a 15 minutos.

Mientras se estén cociendo los tomates, dore las cebollas y el ajo con aceite de oliva en una sartén de teflón grande. Cuando estén listos los tomates, combínelos con las cebollas y el ajo. Use el machacador de frijol o majador de papas para quebrar los tomates y la cebolla hasta que se llegue a la consistencia deseada. Agregue las especies y cocine la salsa a fuego lento por 15-20 minutos.

Rinde 8 porciones

Análisis nutritivo: 1 porción
31 calorías, 1 g grasa, 2 g fibra, 143 mg sodio, 0 g grasa saturada, 0 mg colesterol
Intercambios para diabéticos: 1/2 VERDURA

SALSA DE TOMATILLO

Esta salsa también es versátil, pero se prepara con unos tomates pequeños y verdes, que se llaman tomatillos. Si la salsa le queda demasiado ácida, se le puede agregar un poco de azúcar.

1 1/2 **libras de tomatillos, pelados y enjuagados**
1/2 **taza de cilantro fresco**
2 **dientes de ajo, picado**
1 **cucharadita de sal**
1/2 **cucharadita de pimienta**

Ponga agua en una cacerola de tres cuartos de galón. Agregue los tomatillos limpios. Caliente hasta que comience a hervir y hierva los tomatillos por 5-10 minutos, o hasta que los tomatillos se pongan de color verde oscuro y comiencen a hundirse.

Pásela por un colador. Use pinzas para poner los tomatillos en la licuadora junto con el cilantro, el ajo, la sal y la pimienta.

Licúe hasta que quede homogéneo.

Rinde 8 porciones

Análisis nutritivo: 1 porción
21 calorías, 0 g grasa, 1 g fibra, 278 mg sodio, 0 g grasa saturada, 0 mg colesterol
Intercambios para diabéticos: 1 VERDURA

JÍCAMA AL ESTILO TEJANO

1 jícama grande
Jugo de 3 limas frescas
2 cucharaditas de jalapeño en polvo (texas gunpowder)
   o polvo de chile colorado
1/2 cucharadita de de sal
Lechuga tipo Romaine

Lave y pele la jícama. Córtela en rebanadas finas. Póngala en un tazón grande. Añádale el jugo de lima y mezcle suavemente para cubrir toda la jicama con el jugo de lima. Póngalo a un lado.

En un plato chico, mezcle el chile en polvo con la sal.

Coja cada rebanada, unte la parte de adentro con la mezcla de sal y chile y arréglelas en circulo en un plato cubierto con lechuga. Adorne con perejil o cilantro, si lo desea.

Rinde 6 porciones

Análisis nutritivo: 1 porción
22 calorías, 0 g grasa, 0 g fibra, 185 mg sodio, 0 g grasa saturada, 0 mg colesterol
Intercambios para diabéticos: 1 VERDURA

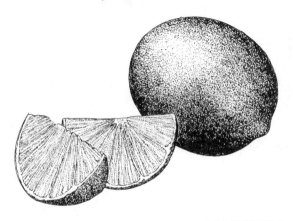

SOPAS
Y
PANES

SOPAS Y PANES

CALDO DE RES

Este caldo es rico en vitamina A.

1	libra de bistec de tapa muy magro, sin exceso de grasa, cortado en cubitos de 1"
2	cuartos de galón de agua
1/2	taza de salsa de tomate, sin sal
1/4	chile verde, rebanado
1/2	cebolla, rebanada
2	zanahorias, cortadas en pedazos de 1"
1/2	repollo, cortado en cuatro pedazos
2	papas, cortadas en cuartos
2	elotes frescos, cortados en cuartos
2	calabazas zucchini, cortadas en cuartos
2	dientes de ajo, molidos en molcajete
1	cucharadita de sal
1/4	taza de cilantro bien picado

En una cacerola de tres cuartos de galón, dore bien los cubitos de carne. Escurra el exceso de grasa. Añada 2 cuartos de galón de agua y caliente hasta que comience a hervir. Reduzca el fuego y agregue las legumbres y la salsa de tomate. Muela el ajo en el molcajete. Agregue agua para que el ajo salga más fácilmente. Sazone con sal y pimienta.

Caliente hasta que comience a hervir. Tape y cocine a fuego lento por 45 minutos. Después de 45 minutos agregue el cilantro y cocine por 15 minutos más.

Rinde 4 porciones

Análisis nutritivo: 1 porción
324 calorías, 7 g grasa, 13 g fibra, 668 mg sodio, 2 g grasa saturada, 61 mg colesterol
Intercambios para diabéticos: 4 1/2 VERDURA, 2 PAN, 3 CARNE, 1 GRASA

SOPA DE ALBÓNDIGAS

Las albóndigas contienen poca grasa, y esta sopa también puede congelarse. Es excelente cuando se sirve con tortillas caseras en un día de mucho frío.

Albóndigas

I	libra de pechuga de pavo fresca, molida
1/4	libra de salchicha con bajo contenido en grasa
1/2	taza de arroz cocido
1/4	taza de harina
1/4	taza de agua
1	cucharadita de comino molido

Aceite en rociador sin calorías

1	cebolla grande, bien picada
3	dientes de ajo, bien picados o molidos en molcajete
1 1/2	cucharaditas de comino, molido en molcajete
1	cucharada de cilantro, bien picado
1	lata de 14 onzas de tomates Roma, picados, guarde el jugo
2 1/2	cuartos de galón de caldo de res, bajo en sodio,
2	tazas de maíz congelado
1	lima, cortada
1/2	taza de cilantro fresco, picado

Caliente el horno a 450°.

En una cacerola de tres cuartos, combine el pavo, la salchicha, el arroz, la harina, el comino y el agua. Mezcle bien. Forme albóndigas, de aproximadamente 1 1/2" pulgadas de tamaño. Coloque las albóndigas en una bandeja para hornear. Cocine en el horno caliente por treinta minutos, volteándolos de vez en cuando para que se horneen de forma uniforme.

Escurra la grasa y guarde hasta que esté listo el caldo.

En una cacerola de teflón de tres cuartos, rocíe el aceite o líquido para que la comida no se pegue. A fuego lento, dore las cebollas, el ajo y el comino. Agregue los tomates, el caldo de res y el maíz. Mezcle bien. Añada las albóndigas preparadas y caliéntelas hasta que el caldo comience a hervirlas. Luego, disminuya el fuego para hervirlas a fuego lento por veinte minutos.

Antes de servir la sopa, adórnela con cilantro fresco y sírvala con lima fresca y tortillas de maíz hechas en casa.

<u>Rinde 8 porciones</u>

Análisis nutritivo: 1 porción
318 calorías, 11 g grasa, 3.5 g fibra, 1240 mg sodio, 5.5 g grasa saturada, 54 mg colesterol
Intercambios para diabéticos: 1 VERDURA, 1 PAN, 3 1/2 CARNE, 1 1/2 GRASA

CALDO TLALPEÑO

Este caldo es delicioso y bajo en calorías. ¡Está picoso-por los chiles chipotles!

8	**tazas de caldo de pollo bajo en sodio**
1 1/4	**libras de pechuga de pollo, cortado en rebanadas**
1	**cebolla, rebanada**
1	**cucharadita de aceite vegetal**
2	**zanahorias, cortadas en rodajas finas**
1	**calabaza tipo *zucchini* mediana, cortada en rodajas finas**
2	**tazas de pozole amarillo, escurrido**
2	**chiles chipotles con adobo**
1	**aguacate, picado**

Limas frescas, cortadas

En una cacerola de tres cuartos de galón, caliente el caldo hasta que comience a hervir. Agregue las rebanadas de pollo y hierva por 15 minutos. Después, saque el pollo y desmenúcelo. Guarde el caldo. Si desea, quítele la espuma.

En una sartén de teflón, dore la cebolla picada a fuego lento usando el aceite vegetal. Después de dorarse la cebolla, agréguele la zanahoria y las calabazas. Saltee hasta que estén tiernos. Agregue las verduras, el pozole y el pollo al caldo. Corte los chiles chipoltes en rebanadas y añádalos al caldo. Hierva a fuego lento por 15-20 minutos.

Sirva con pedazos de aguacate y jugo de lima fresca.

<u>Rinde 8 porciones</u>

Análisis nutritivo: 1 porción
210 calorías, 7 g grasa, 5 g fibra, 1157 mg sodio, 1 g grasa saturada, 41 mg colesterol
Intercambios para diabéticos: 1 VERDURA, 1 PAN, 3 1/2 CARNE, 1 GRASA

GAZPACHO

Este caldo es sabroso y rico en vitaminas. Aunque no sea de origen mexicano, a muchos les encanta por su sabor delicioso.

3	**tazas de tomates troceados**
1	**pepino pelado y picado**
1/2	**taza de cebolla picada**
2	**cucharadas de vinagre**
1	**cucharada de pimentón**
1	**cucharadita de sal**
1/2	**cucharadita de pimienta**
1	**gota de salsa de Tabasco**
2	**cucharadas de cilantro, picado**
1 1/2	**tazas de jugo de tomate**

Ponga todos los ingredientes, menos el jugo de tomate, en una licuadora. Licúelo hasta que quede homogéneo. Póngalo en el refrigerador por un mínimo de 3-4 horas. Antes de servir, agréguele 1 1/2 tazas de jugo de tomate.

Sirva bien frío, adornado con hojas de cilantro.

Rinde 4 porciones

Análisis nutritivo: 1 porción
73 calorías, 0 g grasa, 3 g fibra, 1194 mg sodio, 0 g grasa saturada, 0 mg colesterol
Intercambios para diabéticos: 2 1/2 VERDURA

* Esta receta es alta en sodio. Se puede preparar con menos contenido de sodio usando jugo de tomate sin sodio.

SOPA DE LENTEJAS

Las lentejas son una buena fuente de proteínas, y combinadas con tortillas de maíz proveen una comida completa en proteínas y sin carne.

1	cucharada de aceite de oliva
1	cebolla pequeña, bien picada
1	ramo de apio, bien picado
1	zanahoria, pelada y bien picada
1	taza de lentejas
1/4	taza de vino rojo seco
3 1/2	tazas de agua
1 1/2	cucharaditas de polvo de chile colorado
1	hoja de laurel
1/2	cucharadita de sal
1/4	cucharadita de pimienta
1/4	cucharadita de pimienta inglesa (*allspice*)
1/2	cucharadita de comino molido
1	tomate, sin semillas y picado
2	cebollas verdes, picadas

En una cacerola de tres cuartos de galón, caliente el aceite de oliva y añada las legumbres, excepto los tomates. Saltee hasta que estén tiernas. Agrégueles las lentejas y el vino. Caliente hasta que comience a hervir. Cocine a fuego mediano hasta que se evapore casi todo el líquido. Agregue el agua y las especies. Caliente hasta que comience a hervir. Tape y siga cociéndolo a fuego lento por cuarenta y cinco minutos. Añada el tomate y cocine por 15 minutos más o hasta que las lentejas estén tiernas. Adorne con cebollas verdes picadas.

Rinde 4 porciones

Análisis nutritivo: 1 porción
225 calorías, 4 g grasa, 8 g fibra, 400 mg sodio, 0 g grasa saturada, 0 mg colesterol
Intercambios para diabéticos: 2 VERDURAS, 1 GRASA

ǂ 800

RIBS: 75 16 7 12 45 38 47
40 52 120 40 85 133 27

MASHED POTATOES 70 16 12 15 40 98
58 50 60 140 50 100 150 36

WILD MUSHROOM: 70 16 12 15 40
48 58 50 60 140 50 100 150 36

Random chicken: 4 cs

LAMB: 97 p.p - 40 lb

page 98

FLOUR: 75 16 4 12 48 34 94
40 52 120 40 85 133 24

MASHED POTATOES: 70 16 12 15 40 44
88 50 140 50 160 150 36

WILD MUSHROOM: 40 14 12 15 40
44 58 140 60 20 100 180 36

Roman chicken: 465

LAMB: 93 p.y - 40 16

LENTEJAS

1	chile Anaheim
1/2	taza de cebolla verde, bien picada
2	dientes de ajo, bien picado o molido en molcajete
1	lata de 14 onzas de tomates sin sal, picados, sin colar
3/4	taza de lentejas secas
2	zanahorias cortadas en rodajas finas
1/2	cucharadita de sal
1/2	cucharadita de polvo de chile colorado
3 1/4	tazas de caldo de res
1/4	taza de queso rallado Monterrey Jack, bajo en grasa

Lave las lentejas y póngalas a un lado.
Caliente el asadero del horno.

Corte el chile por la mitad a lo largo. Quítele las venas y las semillas. Ponga el chile en una bandeja de hornear. Aplaste el chile. Áselo en el asador del horno por 10 minutos o hasta que la piel esté quemada. Póngalo inmediatamente en un tazón con agua helada. Esto le ayudará a pelar el chile más fácilmente. Enfríelo por 5 minutos. Quítelo del agua y pélelo. Pique bien el chile y guárdelo.

En una cacerola de tres cuartos de galón de teflón, combine la cebolla, el ajo y los tomates. Caliéntelo todo a fuego mediano, mezclando frecuentemente. Agregue los chiles, las lentejas, la sal, el polvo de chile y el caldo de res. Caliéntelo hasta que comience a hervir. Tápelo y cocínelo a fuego lento por 45 minutos. Agregue la zanahoria y cocine por 30-40 minutos más, hasta que las lentejas estén tiernas. Sírvalas con el queso rallado.

Rinde 5 porciones

Análisis nutritivo: 1 porción
212 calorías, 5 g grasa, 7 g fibra, 900 mg sodio, 2.5 g grasa saturada, 12 mg colesterol
Intercambios para diabéticos: 2 VERDURA, 1 GRASA

SOPA DE MARISCOS

Esta sopa de mariscos es popular en el sur de Tejas. Diferentes tipos de pescado y, a veces, camarones se le agregan a la sopa para variarla.

Aceite en rociador sin calorías

1	**taza de cebolla, bien picada**
2	**tomates medianos, sin semillas y picados**
1/4	**taza de chile verde, cortada en tiras**
3	**dientes de ajo**
1/8	**cucharadita de comino**
2	**libras de filetes de huachinango, cortado en pedazos de 2"**
1/4	**taza de cilantro, bien picado**
1	**cucharadita de orégano, o a gusto**
4	**cucharadas de jugo de lima**
4	**tazas de agua**
1/2	**cucharadita de sal**
1/4	**cucharadita de pimienta**
2	**hojas de laurel**

En una cacerola de tres cuartos de galón, rocíe el aceite y saltee la cebolla. Agregue el chile verde y el tomate y cocínelos hasta que estén tiernos.

Muela el ajo y el comino en el molcajete. Agrégueles agua para soltar las especies. Agregue las especies a las legumbres. Combine con los otros ingredientes y cocine a fuego lento por aproximadamente una hora, revolviendo de vez en cuando.

Sirva con tortillas de maíz frescas. Quite las hojas de laurel antes de servir.

<u>Rinde 4 porciones</u>

Aproximado por porción: 1 porción
325 calorías, 6 g grasa, 4 g fibra, 623 mg sodio, 2 g grasa saturada, 62 mg colesterol
Intercambios para diabéticos: 1 VERDURA, 3 CARNES, 1/2 GRASA

SOPA DE POLLO

2	libras de pechuga de pollo sin grasa ni piel, cortada en tiras
2	cuartos de galón de agua
2	tazas de tomates enteros de lata, bajos en sodio, en pedazos pequeños
2	dientes de ajo, bien picados o molidos en molcajete
1	cucharadita de comino, molido en molcajete
1	cebolla mediana, cortada en cuñas
1/4	cucharadita de pimienta
1	cucharada sal
1/4	taza de chile verde tipo California de lata
1/4	taza de cilantro, bien picado, a gusto
2	tazas de pozole o frijoles pintos escurridos
1	lima fresca

En una cacerola de tres cuartos de galón, cubra las tiras de pollo con dos cuartos de galón de agua. Cocine hasta que el pollo esté tierno. Saque las tiras de pollo del caldo. Puede quitar la espuma del caldo, si lo desea.

Agregue los tomates, el ajo, el comino, la cebolla, la pimienta, la sal y los chiles al caldo. Añada el pollo. Agregue los frijoles o el pozole y cocine a fuego lento por 15 minutos.

Antes de servir, exprima el jugo de lima sobre el caldo.

Sirva con tortillas de maíz frescas.

Rinde 6 porciones

Análisis nutritivo: 1 porción
253 calorías, 3.4 g grasa, 4 g fibra, 678 mg sodio, 0 g grasa saturada, 88 mg colesterol
Intercambios para diabéticos: 1 VERDURA, 1 PAN, 4 CARNE

SOPA DE TORTILLA

No se intimide. ¡Esta receta es fácil y deliciosa!

2	**tomates medianos**
Aceite en rociador sin calorías	
1	**taza de cebollas, bien picadas**
2	**dientes de ajo, bien picados o molidos en molcajete**
4	**tazas de caldo de pollo bajo en sodio**
12	**onzas pechuga de pollo cortado a tiras (2 pechugas sin cocer)**
1/2	**cucharadita de pimienta**
8	**tortillas de maíz rebanadas y horneadas (receta p. 96)**
1/4	**taza de cilantro, bien picado**

Caliente el asador del horno. Corte los tomates por la mitad. Áselos en el asador hasta que estén bien cocidos y un poco tostados, unos 10-15 minutos. Voltéelos de vez en cuando para que se asen completamente.

Rocíe con aceite en rociador una cacerola de tres cuartos de galón y dore las cebollas a fuego lento. Agregue el ajo a la cebolla y dore 2-3 minutos más.

Ponga los tomates, el ajo y la cebolla en una licuadora y licúe hasta que esté todo bien unido.

Vacíe todo en la cacerola grande. Agregue el caldo y el pollo rebanado. Sazone con pimienta. Caliente hasta que comience a hervir. Tape y baje el fuego para hervir a fuego lento por veinte minutos. Agregue cilantro y hierva por diez minutos más.

Se sirve caliente, adornada con tostadas de tortilla horneadas alrededor del tazón. Adorne con hojas de cilantro.

(Esta sopa generalmente se sirve con tostadas fritas adentro. Como usamos tortillas tostadas al horno, es mejor no agregárselas hasta que sirva la sopa para que no se ablanden demasiado).

<u>Rinde 4 porciones</u>

Análisis nutritivo: 1 porción
315 calorías, 6 g grasa, 4 g fibra, 1460 mg sodio, 1 g grasa saturada, 66 mg colesterol
Intercambios para diabéticos: 1 VERDURA, 1 1/2 PAN, 4 CARNE, 1/2 GRASA

BOLILLOS

Los bolillos son panecillos de pan similares al pan francés. En México, a veces se usan para hacer bocadillos.

2	tazas de agua
1 1/2	cucharadas de azúcar
1	cucharada de sal
2	cucharadas de margarina líquida
1	sobre de levadura

5 1/2 -6 tazas de harina para pan
1   cucharadita de almidón de maíz
      disuelto en 1 taza de agua
Aceite en rociador sin calorías

Caliente el agua, el azúcar, la sal y la margarina a 115°. Use un termómetro para asegurarse de la temperatura correcta. Agregue la levadura y mezcle bien para disolver.

Ponga este líquido en un tazón grande. Agregue una taza de harina y bata bien. Gradualmente agregue cuatro tazas más de harina, una taza a la vez, batiendo bien después de cada una.

Amase hasta que forme una bola. Amase la bola sobre una tabla ligeramente enharinada. Amase por 5 minutos. Unte un tazón con aceite. Ponga la masa en el tazón, dándole la vuelta una vez para untarla con aceite. Tápela con una toalla húmeda, póngala en un lugar medianamente caliente y deje que la masa suba.

Deje que la masa suba por 1 1/2 horas, o hasta que doble su tamaño. Hunda la masa con el puño, y divídala en 16 panecillos ovalados. Cada panecillo debe tener unas 4" de tamaño.

Póngalos en una bandeja de hornear rociada con aceite en rociador.

Deje que suba por 35 minutos.

Caliente el horno a 350°.

Caliente el almidón de maíz y el agua hasta que hierva. Deje que se enfríe un poco. Cepille cada panecillo con la mezcla. Usando un cuchillo de filo, haga un tajo horizontal profundo en el centro de cada uno de los panecillos. Póngalos en el horno a 350 °, hasta que se doren bien.

<u>Rinde 16 porciones</u>

Análisis nutritivo: 1 porción
190 calorías, 2 g grasa, 1 g fibra, 414 mg sodio, 0 g grasa saturada, 0 mg colesterol
Intercambios para diabéticos: 2 PAN, 1/2 GRASA

TORTILLAS DE MAÍZ

Las tortillas de maíz hechas en casa son sabrosísimas y no llevan mucho tiempo para preparar. Necesita masa de harina, una prensa para hacer tortillas, y un comal grande. Si es eléctrico el comal, debe de calentarse a 450°. Un comal grande es preferible porque calienta más rápido y se pueden cocer más tortillas a un tiempo.

2   **tazas de masa de harina**
1   **cucharadita de sal (o a gusto)**
1 a 1 1/4 tazas de agua tibia
Aceite en rociador sin calorías

Pase la masa harina y la sal por un tamiz y póngalas en un tazón grande. Añada una taza de agua tibia y mezcle con las manos. La masa se empezará a humedecer y a unirse. Agregue el resto del agua y amase hasta que el tazón esté limpio de toda la masa. La masa debe de sentirse húmeda y lisa. Forme una bola grande.

Tome la masa y forme bolitas del tamaño de pelotas de golf. Deje que las bolas "descansen" por 15 minutos en el tazón tapado con una toalla húmeda.

Caliente el comal a 450°.

Para preparar la prensa de tortillas, corte un pedazo de papel de plástico bastante grande para cubrir los dos lados. El plástico se debe doblar en el medio con la orilla doblada sobre la bisagra de la prensa de tortillas.

Ponga una bolita de masa en el centro de la base de la prensa de tortillas en medio de los bordes del plástico.

Cierre la prensa y baje la palanca. La tortilla debe ser de 1/8" de grueso.

¡Necesitará practicar un poco!

Si la tortilla está muy delgada, puede quebrarse cuando la ponga en el comal. Si está gruesa, puede ser que no se cocine bien.
La tortilla se debe cocer en un comal caliente rociado con el aceite en rociador. Se cocina por 2 minutos de un lado. Después de dos minutos, voltéela y cocínela del otro lado por 1 minuto. Están cocidas cuando están doraditas y los bordes están un poco levantados.

<u>Rinde 6 porciones (2 tortillas)</u>

Análisis nutritivo: 1 porción
107 calorías, 1 g grasa, 0 mg fibra, 0 mg sodio, 0 g grasa saturada, 0 mg colesterol
Intercambios para diabéticos: 2 PAN

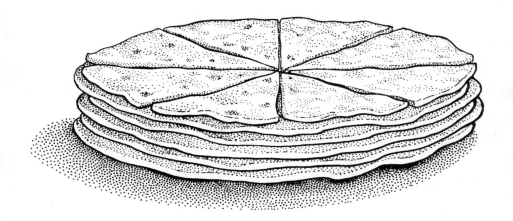

TORTILLAS DORADAS

6   **tortillas de maíz**
Agua
Jugo de lima fresca, si lo desea
1/2   **cucharadita de sal**
Polvo de chile colorado, si lo desea
Aceite en rociador sin calorías

Caliente de antemano el horno a 500°. Usando un cuchillo de filo, corte las tortillas en 6 pedazos triángulares. Ponga 1/2 taza de agua en un molde de pastel. Rocíe una hoja de hornear con aceite en rociador. Ponga los triángulos de tortilla en el agua por 2-3 minutos, escúrralos y póngalos en la bandeja de hornear.Cocínelos en el horno, cuidando que no se quemen. Después de 5 minutos, saque del horno y voltee todas las tostadas para que se cocinen bien.

Agregue el jugo de lima y el polvo de chile, si lo desea, y sal. Rocíe las tostadas con el aceite en rociador para que la sal o la mezcla de chile se adhiera a las tortillas. Póngalas de vuelta en el horno y cocínelas por 2-3 minutos más. Se pueden comer calientes o frías.

Guárdelas en una lata con tapa

Rinde 6 porciones

Análisis nutritivo: 1 porción
70 calorías, 1 g grasa, 1 g fibra, 195 mg sodio, 0 g grasa saturada, 0 mg colesterol
Intercambios para diabéticos: 1 PAN

PITA CON AJO

Estas tostaditas son ricas servidas con salsa o dip de frijol.

6	**panes de pita de trigo integral**
1/2	**taza de margarina de dieta,** **disponible en envase de plástico, ablandada**
2	**cucharadas de cilantro, bien picado**
2	**dientes de ajo bien picados**
1	**cucharadita de jugo de lima, fresco**
1/8	**cucharadita de pimienta con limón (sin sal)**

Caliente el horno a 450° .

Con un cuchillo, corte cada pita en ocho pedazos triangulares.

Combine la margarina, el cilantro, el ajo y el jugo de lima. Ponga la margarina en el microondas por 30 segundos para derretir. Revuelva para que se mezcle bien.

Cepille el pan de pita con la margarina. Espolvoree con la pimienta de limón.

Póngala en una bandeja de hornear. Cocínela en el horno por 5 minutos o hasta que esté bien tostada y dorada.

Rinde 12 porciones

Análisis nutritivo: 1 porción
95 calorías, 4 g grasa, 2 g fibra, 200 mg sodio, 0 g grasa saturada, 0 mg colesterol
Intercambios para diabéticos: 1 PAN, 1 1/2 GRASA

PAN DE CAMPO

Mi abuelo era un vaquero tejano. Cuando llevaban el ganado por el estado, los vaqueros preparaban "pan de campo" en una sartén de hierro. La receta original contiene manteca, huevos y leche entera. Esta versión es más saludable e igual de deliciosa.

2	tazas de harina
1	cucharada de polvo de hornear
1/2	cucharada de sal
1/3	taza de aceite
2/3	taza de leche con 2% de grasa

Aceite en rociador sin calorías

Caliente el horno de antemano a 350° .

Rocíe una bandeja de hornear con aceite en rociador. Tamice los ingredientes secos juntos. Agregue el aceite. Mezcle bien. Agregue la leche y amase hasta que se forme una bola. Si la masa está muy pegajosa es posible que necesite más harina. Amase la masa sobre una tabla ligeramente enharinada por 2 minutos o hasta que se forme una bola de masa lisa.

En la tabla ligeramente enharinada, use el rodillo para formar un círculo de 11" de diámetro y de 1/2" de grosor.

Póngalo en la bandeja de hornear.

Hórneelo por 25-30 minutos o hasta que esté bien dorado. Córtelo en 12 tajadas iguales y sírvalo caliente.

<u>Rinde 12 porciones</u>

Análisis nutritivo: 1 porción
135 calorías, 6 g grasa, 0 mg fibra, 374 mg sodio, 1 g grasa saturada, 1 mg colesterol
Intercambios para diabéticos: 1 PAN, 1 1/2 GRASA

TACOS DE TORTILLAS

Los tacos de tortilla tienen menos calorías que las fritas o las compradas en la tienda, que son preparadas con aceites tropicales. Puede prepararlas de antemano.

**1   receta de tortillas de maíz (página 96)
        hechas de masa harina
Aceite en rociador sin calorías**

Caliente el comal a 450°.

Use la prensa para tortillas para prepararlas.
Rocíe el comal con aceite en rociador. Cocine un lado de la tortilla por 2-3 minutos y voltéela. Cocine el otro lado de la tortilla y dóblela ligeramente. Póngala en el comal, volteándola de los dos lados para que se tueste bien.

<u>Rinde 6 porciones (2 tortillas)</u>

Análisis nutritivo: 1 porción
107 calorías, 1 g grasa, 0 g fibra, 0 mg sodio, 0 g grasa saturada, 0 mg colesterol
Intercambios para diabéticos: 2 PAN

SEMITA

El anís tiene aroma a dulce de regaliz. Este pan es delicioso para desayuno, postre o "merienda". La merienda es una costumbre hispana de tomar té o café por la tarde, con pan dulce mexicano . Esta receta es más baja en colesterol y grasa saturada.

4-5	**tazas de harina, dividida**
1	**cucharadita de sal**
1	**sobre de levadura**
1/4	**taza de azúcar**
1	**taza de té de anís*, enfriada a 120°, sin colar**
1/4	**taza de aceite**
2	**claras de huevo**
1	**huevo**

Aceite en rociador sin calorías

En un tazón grande, tamice 2 tazas de harina, sal, levadura y azúcar. Agregue el té de anís tibio. Usando la batidora eléctrica, mezcle por un minuto a velocidad baja. Agregue el aceite y las claras de huevo y bata por 3 minutos rápido. Agregue la demás harina y comience a amasar para juntar la masa. En una tabla ligeramente enharinada, amase por 5 minutos o hasta que forme una bola de masa lisa.

Ponga la masa en un tazón con aceite y voltee para untarle aceite a toda la masa. Tápela con una toalla húmeda y deje que suba por una hora o hasta que la masa crezca al doble.

Prepare una bandeja para hornear con el aceite en rociador. Después de una hora, divida la masa en 15 partes. Forme bolitas redondas, de unas 3" de diámetro. Póngala en la bandeja de horno.

Caliente el horno a 375°.

Deje que suba por otros 30 minutos. Hornee por 17-18 minutos hasta que se dore el pan.

Rinde 15 porciones

Análisis nutritivo: 1 porción
188 calorías, 4 g grasa, 1 g fibra, 154 mg sodio, 1 g grasa saturada, 18 mg colesterol
Intercambios para diabéticos: 2 PAN, 1 GRASA

* Prepare el té de anís hirviendo 1 1/2 cucharaditas de la semilla de anís por 10-15 minutos. Cuele si lo desea, guardando el té. El anís también se puede cocer en el pan. Al usar este té en la receta, el sabor de anís en el pan se realza.

PAN DE PITA
DE TRIGO INTEGRAL

El pan de pita no es mexicano, pero tiene muy pocas calorías y va muy bien con rellenos de tipo mexicano. No se deje intimidar por la levadura. La pita de trigo integral es fácil de preparar y es una magnífica fuente de fibra y de magnesio.

5-6	**tazas de harina de trigo**
1	**sobre de levadura**
2	**cucharaditas de sal**
2	**tazas de agua, 120°**

Tamice 2 tazas de harina, la levadura y la sal en un tazón grande. Gradualmente agréguele el agua y bata hasta que tenga una consistencia suave. Agregue el resto de la harina poco a poco, amasando hasta que quede una bola de masa lisa. Amase por 5 minutos en una tabla ligeramente enharinada. La masa debe de quedar lisa y elástica.

Ponga la masa en un tazón grande untado con aceite. Dé la vuelta a la masa una vez para untarle aceite a toda la superficie para que no se seque. Tape el tazón con una toalla húmeda. Ponga la masa en un lugar calentito y deje que suba, al doble de tamaño, por aproximadamente una hora. Después de una hora, golpéela con el puño y déjela por 30 minutos más, tapada con una toalla.

Caliente el horno a 450°.

Divida en 18 partes iguales y forme bolitas pequeñas.

En una tabla ligeramente enharinada, use un rodillo para extender cada bolita de masa en un círculo de 5" en diámetro.

Ponga una bandeja de hornear en el horno y caliéntela por 5 minutos. Sáquela y ponga los círculos de masa en la bandeja.

<u>Rinde 18 porciones</u>

Análisis nutritivo: 1 porción
120 calorías, 1 g grasa, 4.5 g fibra, 214 mg sodio, 0 g grasa saturada, 0 mg colesterol
Intercambios para diabéticos: 2 PAN, 1/2 GRASA

TORTILLAS DE TRIGO INTEGRAL

1	taza de harina de trigo integral
1	taza de harina blanca
2	cucharaditas de polvo de hornear
1	cucharadita de sal
3	cucharadas de aceite
1/2	taza de agua hirviendo, más si es necesario

Tamice los ingredientes secos. Agregue el aceite y mezcle con los ingredientes secos usando una batidora hasta que estén bien mezclados y suficientemente fríos para poder tocarlos con las manos. Agregue el agua y mezcle con el batidor de pasteles hasta que se pueda manejar con las manos. Use las manos para amasar la masa por 3-5 minutos o hasta que forme una bola lisa.
Caliente el comal a 450°.

Deje que la masa "descanse" por 20 minutos en un tazón tapado con una toalla húmeda. Esto es muy importante.

Forme 12 bolitas de la masa. Usando un rodillo, extienda cada bolita en un círculo de 6" en diámetro, y de 1/8" de grueso.
Es mejor extender toda la masa y guardar en papel de plástico aunque no la cocine inmediatamente. Ponga cada tortilla en un comal caliente y cocínela por 4 minutos de un lado y como 3 minutos del otro lado. El tiempo de cocción varía dependiendo del comal.

Guarde las tortillas en un cesto para tortillas o en un tazón con tapa.

<u>Rinde 6 porciones (2 tortillas)</u>

Análisis nutritivo: 1 porción
210 calorías, 7 g grasa, 3 g fibra, 453 mg sodio, 0 g grasa saturada, 0 mg colesterol
Intercambios para diabéticos: 2 PAN, 2 GRASA

TORTILLAS DE HARINA

3	tazas de harina blanca
1	cucharada de polvo de hornear
1	cucharadita de sal
1/4	taza de aceite vegetal
1	taza de agua hirviente

Mezcle los ingredientes secos. Agregue el aceite vegetal y mezcle bien. Cuidadosamente agregue el agua caliente. Use una batidora de mano o una cuchara para mezclar. Cuando se pueda manejar la masa sin quemarse, con las manos forme una bola y amase en una tabla ligeramente enharinada. Amase por 3-5 minutos hasta que la masa quede lisa.

Ponga la bola de masa en el tazón y tápela con una toalla húmeda. Deje que la masa "descanse" por 20 minutos.

Caliente el comal a 450°.

Forme 18 bolas de la masa.

Usando un rodillo, extienda cada bola de masa en un círculo de 6 pulgadas y de 1/8" de grosor.

Cocínelas en un comal caliente por unos 4 minutos de un lado y como por 3 minutos del otro lado. El tiempo varía dependiendo del comal.

Después de cocer, póngalas en un tazón aislado con tapa o en una toalla de cocina limpia para que se mantengan calientes.

Rinde 18 porciones

Análisis nutritivo: 1 porción
110 calorías, 3 g grasa, 1 g fibra, 177 mg sodio, 0 mg grasa saturada, 0 mg colesterol
Intercambios para diabéticos: 1 PAN, 1/2 GRASA

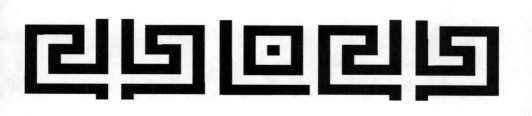

ENSALADAS

ENSALADAS

ADEREZOS

ENSALADA DE REPOLLO

1/2	cabeza de repollo, rallada
2	tomates, sin semillas y picados
1	taza de cebolla, en rebanadas chicas
2	tallas de apio, picado
1	taza de jícama, en tiras finas
1/4	taza de pasas de uva
1	zanahoria mediana rallada
1/4	taza de cilantro picado
4	tajadas de aguacate

Aderezo (Vinagreta)

1/4	taza de jugo de lima fresca
1/4	taza de vinagre de vino
2	cucharaditas de aceite de oliva
1/8	cucharada de mostaza seca

Mezcle los ingredientes para el aderezo. Resérvelos.

Mezcle el repollo y las otras verduras menos el aguacate. Agregue el aderezo y mezcle ligeramente. Antes de servir, agregue una tajada de aguacate a cada porción.

Rinde 4 porciones

Análisis nutritivo: 1 porción
168 calorías, 9 g grasa, 3.6 g fibra, 34 mg sodio,1 g grasa saturada, 0 mg colesterol
Intercambios para diabéticos: 3 VERDURA, 2 GRASA

ENSALADA DE REPOLLO CATALINA

1	**diente de ajo, bien picado**
1/4	**taza de vinagre de sidra**
2	**cucharadas de aceite vegetal**
3	**cucharadas de aderezo Catalina, bajo en calorías**
2	**cucharadas de azúcar**
1/4	**cucharadita de pimienta**
3	**tazas de repollo, rallado**
1/2	**chile verde, bien picado**
2	**zanahorias grandes, ralladas**

Combine los primeros seis ingredientes en una licuadora o un robot de cocina y licúe hasta que se unan bien.

Póngalos sobre las legumbres frescas y mézclelos bien.

Ponga la ensalada en el refrigerador por 3-4 horas para que se realcen los sabores.

Rinde 6 porciones

Análisis nutritivo: 1 porción
72 calorías, 2 g grasa, 2 g fibra, 94 mg sodio, 0 g grasa saturada, 0 mg colesterol
Intercambios para diabéticos: 1 1/2 VERDURA, 1/2 GRASA

ENSALADA DE ZANAHORIAS CON CILANTRO

Esta ensalada tiene un aspecto muy bonito y es fácil de preparar y, además, contiene muchas vitaminas.

3	**tazas de zanahorias, peladas y cortadas en rodajas delgadas**
1/8	**taza de cilantro, bien picado**
4	**cucharadas de aderezo Catalina, bajo en calorías**

Combine todos los ingredientes. Ponga la ensalada en el refrigerador por 1-2 horas para que se realcen los sabores.

Rinde 6 porciones

Análisis nutritivo: 1 porción
56 calorías, 0 g grasa, 3 g fibra, 117 mg sodio, 0 g grasa saturada, 0 mg colesterol
Intercambios para diabéticos: 2 VERDURA

ADEREZO DE CILANTRO Y COMINO

Las semillas de comino se encuentran en la sección de especies del supermercado. Si se tuestan antes de moler, cambia el sabor.

2	**cucharadas de jugo de limón fresco**
2	**cucharadas de aceite de oliva**
1/2	**cucharadita de comino, tostado y molido***
1/2	**taza de cilantro fresco, picado**
1	**diente de ajo**
1/8	**cucharadita de sal**

Pimienta molida

Ponga todos los ingredientes en la licuadora. Licúelos hasta que todo quede bien triturado.

<u>Rinde 4 porciones</u>

Análisis nutritivo: 1 porción
65 calorías, 7 g grasa, 0 g fibra, 70 mg sodio, 1 g grasa saturada, 0 mg colesterol
Intercambios para diabéticos: 1 GRASA

ADEREZO DE CILANTRO

2   **cucharadas de jugo de lima recién exprimido**
2   **cucharadas de aceite de oliva extra virgen**
1/8   **taza de cilantro fresco, picado**
1   **diente de ajo, picado**
1/8   **cucharadita de sal**
Pimienta

Licúe todos los ingredientes en la licuadora. Licúe hasta que se mezcle bien todo. Póngalo en el refrigerador hasta antes de usar. Se puede usar como aderezo para lechuga u otra ensalada de verduras.

<u>Rinde 4 porciones</u>

Análisis nutritivo: 1 porción
63 calorías, 7 g grasa, 0 g fibra, 67 mg sodio, 0 g grasa saturada, 0 mg colesterol
Intercambios para diabéticos: 1 1/2 GRASA

ENSALADA DE MACARRONES CON CILANTRO

6	onzas de yogur sin grasa
1/4	taza de cilantro, sin tallos
1	diente de ajo
1	chile serrano, sin semillas y sin tallos
1/2	cucharadita de sal
4	tazas de macarrones de coditos, cocidos
1/4	taza de cebolla morada, picada

Ponga el yogur, el ajo, el chile y la sal en la licuadora o robot de cocina. Licúe por 45-60 segundos. Viértalo sobre los macarrones enfriados y mézclelo con las cebollas. Póngalo en el refrigerador por 3-4 horas para que se realcen los sabores.

Rinde 8 porciones

Análisis nutritivo: 1 porción
120 calorías, 0 g grasa, 0 g fibra, 157 mg sodio, 0 g grasa saturada, 1 mg colesterol
Intercambios para diabéticos: 1 PAN

VINAGRE DE CILANTRO

1	**taza de vinagre de sidra**
1/2	**taza de cilantro**
2	**dientes de ajo molido**

Ponga el vinagre, el cilantro y el ajo en un vaso de vidrio limpio con tapa.
Guárdelo en un lugar obscuro por 2 semanas.

Úselo en ensaladas, carnes y verduras.

Rinde 8 porciones

Análisis nutritivo: 1 porción
5 calorías, 0 g grasa, 0 g fibra, 0 mg sodio, 0 g grasa saturada, 0 mg colesterol
Intercambios para diabéticos: NINGUNO

ADEREZO DE YOGUR Y CILANTRO

6 **onzas de yogur agrio (sin sabor añadido)**
1/3 **taza de cilantro picado**
1 **diente de ajo**
1 **chile serrano**
1/2 **cucharadita de sal**

Licúe todos los ingredientes en la licuadora hasta que estén bien unidos. Refrigere por 3-4 horas para que se mezclen los sabores.

Rinde 6 porciones

Análisis nutritivo: 1 porción
23 calorías, 0 g grasa, 0 fibra, 209 mg sodio, 0 g grasa saturada, 0 mg colesterol
Intercambios para diabéticos: NINGUNO

ENSALADA DE TOMATE Y PEPINO

2	pepinos grandes
4	tomates pequeños
2	cucharadas de jugo de lima fresco

Pimienta molida
Hojas de lechuga

Pele el pepino, dejando la mitad de la cáscara sobre el pepino, a rayas.

Corte y descarte las puntas del pepino, luego corte el pepino en rodajas. Lave y corte los tomates en rodajas. En un plato grande forrado con lechuga, arregle en un círculo alternando un tomate con un pepino, hasta que los use todos. Exprima el jugo de lima sobre las legumbres. Espolvoree con la pimienta molida.

Rinde 4 porciones

Análisis nutritivo: 1 porción
45 calorías, 0 g grasa, 4 g fibra, 13 mg sodio, 0 mg grasa saturada, 0 mg colesterol
Intercambios para diabéticos: 2 VERDURAS

ENSALADA DE GARBANZOS RÍO GRANDE

1	lata de garbanzos de 14 onzas, enjuagados y colados
1	cucharada de aceite de oliva extra virgen
1/4	taza de vinagre de vino
1	diente de ajo, bien picado
2	cucharadas de cilantro, picado
1/2	taza de cebolla morada, bien picada
1/4	taza de pimientos, escurridos

Combine los garbanzos con todos los demás ingredientes en un tazón. Ponga la ensalada tapada en el refrigerador, mezclando de vez en cuando. Guárdela alli por 2-3 horas o durante la noche.

Rinde 4 porciones

Análisis nutritivo: 1 porción
210 calorías, 4 g grasa, 1 g fibra, 224 mg sodio, 1 g grasa saturada, 0 mg colesterol
Intercambios para diabéticos: 1 1/2 PAN, 1 VERDURA, 1 GRASA

ENSALADA DE JÍCAMA

6	cucharadas de jugo de limas recién exprimidas
1	cucharadita de azúcar
1/8	cucharadita de sal
2	manzanas grandes, sin centros y cortadas en rebanadas finas
1/2	jícama, pelada y enjuagada, en rebanadas finas
1	cucharadita de polvo de chile colorado, opcional

Hojas de lechuga

Como 20 minutos antes de servir, adorne un plato redondo para servir con lechuga. En un tazón grande, mezcle el jugo de lima, el azúcar y la sal. Agregue las manzanas y la jícama. Mezcle ligeramente para que se cubran las manzanas y la jícama con el jugo de lima. Póngala en el refrigerador hasta que esté lista para servir.

Antes de servir, ponga en el plato de servir manzanas y jícama en un círculo, alternándolas. Espolvoree por encima el polvo de chile, si lo desea.

<u>Rinde 4 porciones</u>

Análisis nutritivo: 1 porción
45 calorías, 0 mg grasa, 1 g fibra, 73 mg sodio, 0 g grasa saturada, 0 mg colesterol
Intercambios para diabéticos: 1/2 VERDURA, 1/2 FRUTA

ENSALADA FIESTA MEXICANA

1	cabeza de lechuga tipo Romaine
2	tomates, sin semilla, picados
1/2	taza de chile verde, bien picado
1	zanahoria, rallada
1	taza de frijoles rojos, escurridos
1/2	cebolla morada, rebanada y separada en rodajas
1/2	taza de aderezo tipo Catalina de baja calorías
1	aguacate, en ocho rebanadas

Corte la lechuga en pedazos pequeños. Mezcle ligeramente la lechuga, los tomates, el chile verde, la zanahoria, los frijoles y las cebollas.

Antes de servir, agregue el aderezo y mezcle ligeramente otra vez.

Ponga la ensalada en tazones individuales y ponga una rebanada de aguacate en cada tazón.

Rinde 8 porciones

Análisis nutritivo: 1 porción
110 calorías, 4 g grasa, 3 g fibra, 163 mg sodio, 0 g grasa saturada, 0 mg colesterol
Intercambios para diabéticos: 1/2 PAN, 1 VERDURA, 1 GRASA

ENSALADA DE ESPINACAS MEXICANA

Esta ensalada es rica en vitamina A.

Aderezo:

6	onzas de yogur bajo en grasa
1/3	taza de cilantro, sin tallos
1	diente de ajo
1	chile serrano
1/4	cucharadita de sal

Ensalada:

1	paquete de 10 onzas de espinacas frescas, lavadas y secas
4	cebollas verdes, bien picadas
1/2	jícama, pelada y cortada en rebanadas finas
12	tomatitos pequeños, en mitades

Licúe el yogur junto con el cilantro, el ajo, el chile y la sal en la licuadora. Licúe por 45-60 segundos hasta que todo quede homogéneo.

Corte las espinacas en pedacitos pequeños. Ponga las espinacas y las otras verduras en un tazón grande y mezcle ligeramente.

Sirva con el aderezo de cilantro yogur frío.

Rinde 6 porciones

Análisis nutritivo: 1 porción
50 calorías, 0 g grasa, 3 g fibra, 250 mg sodio, 0 g grasa saturada, 1 mg colesterol
Intercambios para diabéticos: 1 VERDURA

ENSALADA DE NOPALITO

Probablemente desde los días de nuestros antepasados, los indios, muchos hispanos comen nopalitos con gusto. Los nopalitos son hojas tiernas del cacto. Mi suegro es el que prepara esta receta interesante.

2	**tazas de nopales, limpios, cortados en pedazos de 1"**
1/2	**taza de cebolla picada**
1	**tomate, sin semilla, picado**
1/4	**taza de cilantro, picado**
1	**cucharadita de sal**
1/2	**cucharadita de pimienta**
1	**cucharada de jugo de lima recién exprimido**

Combine todos los ingredientes. Ponga la ensalada en el refrigerador por 3-4 horas antes de servirla.

Rinde 4 porciones

Análisis nutritivo: 1 porción
40 calorías, 1 g grasa, 3 g fibra, 272 mg sodio, 0 g grasa saturada, 0 mg colesterol
Intercambios para diabéticos: 1 VERDURA

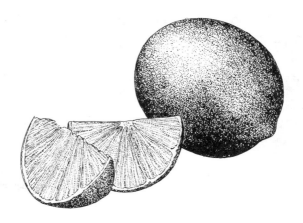

CEBOLLA
Y TOMATE

Este condimento va bien con tacos, especialmente los tacos de chorizo.

3	**tomates medianos picados**
1	**cebolla picada**
1/4	**taza de vinagre de sidra**
1/2	**cucharadita de sal**
1/4	**cucharadita de pimienta**

Mezcle bien las legumbres con el vinagre, la sal y la pimienta.

Rinde 4 porciones

Análisis nutritivo: 1 porción
22 calorías, 0 g grasa, 1 g fibra, 183 mg sodio, 0 g grasa saturada, 0 mg colesterol
Intercambios para diabéticos: 1 VERDURA

ENSALADA DE FRIJOLES PINTOS

Se recomienda usar frijoles de lata para esta receta porque son más firmes. Enjuague los frijoles en un colador para quitarles el sodio. Esta es una ensalada fresca y deliciosa.

2	**cucharadas de aceite de oliva extra virgen**
1/4	**taza de cilantro, picado**
1/4	**taza de jugo de lima fresca**
4	**tazas de frijoles pintos cocidos y firmes, enjuagados y escurridos**
1/2	**taza de cebolla morada, bien picada**

Hojas de lechuga

2	**Tomates cortados en cuatro trozos cada uno**

En un envase con tapa, combine el aceite, el cilantro y el jugo de lima. Tape y mezcle rápidamente. Póngalo a un lado.

Ponga los frijoles y las cebollas en un tazón. Mezcle con el aderezo. Ponga la ensalada en el refrigerador por 3-4 horas o durante la noche.

Sírvala en tazones individuales forrados con hojas de lechuga. Adórnela con los pedazos de tomate.

<u>Rinde 8 porciones</u>

Análisis nutritivo: 1 porción
110 calorías, 5 g grasa, 3 g fibra, 115 mg sodio, 1 g grasa saturada, 1 mg colesterol
Intercambios para diabéticos: 1 1/2 PAN, 1 GRASA

PLATOS
PRINCIPALES

PLATOS PRINCIPALES

UNA NOTA SOBRE ENCHILADAS

La enchilada es un plato mexicano en el que una tortilla ablandada, usualmente de maíz, se rellena con carne, queso, vegetales o una combinación de los tres. La tortilla enrollada se cubre con una salsa, como, por ejemplo, salsa de chile o de tomate.

Típicamente, cuando se prepara la enchilada, la tortilla se fríe para ablandarla antes de rellenarla, pero eso les agrega muchas calorías. Un método alternativo para ablandar las tortillas es mojar una toalla limpia con agua, envolver las tortillas y evaporar el agua en el microondas. Las tortillas al vapor son más fáciles de rellenar y enrollar.

Para hacer enchiladas con bajo contenido en grasa y calorías, trate de preparar rellenos de legumbres combinados con un queso con poca grasa. Rellene las enchiladas con esta combinación. También se puede usar una carne con bajo contenido en grasa como pavo, pollo o carne de res magra.

Hay muchas salsas con bajo contenido en grasa disponibles para la preparación de las enchiladas. LA SALSA DE TOMATILLO (página 78), por ejemplo, es rica en vitamina C y muy baja en grasa. LA SALSA DE CHILE COLORADO sin grasa también va perfectamente con estas enchiladas.

Aunque típicamente una comida con mucha grasa y calorías, las enchiladas pueden hacerse más saludables. ¡Pruebe las tres recetas en esta sección!

UNA NOTA SOBRE TAMALES

En los hogares hispanos, la llegada del tiempo frío y de los días festivos anuncia que es tiempo de cocinar y de comer tamales. Son una parte esencial de la comida mexicana tradicional que se prepara para los días festivos.

El tamal ha sido parte de la comida mexicana desde el tiempo de los indios. Cuando los conquistadores españoles llegaron al Nuevo Mundo en el siglo XVI, observaron que los nativos comían tamales para celebrar ocasiones especiales. Cuatrocientos años más tarde, las tradiciones de nuestros antepasados continúan.

En la cultura mexicomericana, la tamalada es una ocasión en la que las generaciones se juntan para ayudar en la preparación de esta comida tradicional. Abuelitas con experiencia dan sus consejos sobre la preparación de los tamales sobre las que hay pocas recetas. Cada familia tiene su método especial.

Hay una jerarquía en estas reuniones, con las más jovencitas haciendo los trabajos más fáciles como remojar y limpiar las hojas. La cocinera con mas experiencia prepara los ingredientes como la masa y el picadillo. Es ella la que probablemente va a embarrar la masa en las hojas. En la antigua costumbre de usar todo lo que nos ofrece la naturaleza, las hojas del maíz eran y todavía son usadas para envolver y cocer los tamales.

Diferentes regiones del Suroeste tienen diferentes métodos de preparar los tamales. En California, el tamal es grande y puede tener relleno de carne o fruta. En Arizona, una versión del tamal contiene queso y chiles. El tamal en Tejas es mas pequeño y se prepara con frijoles o carne. En las regiones de caza, los tamales se preparan usando el venado o una combinación de venado con puerco o carne de res, bien sazonada.

Otra versión de tamales combina la carne con muchas especies y pasas de uva, dándoles un sabor interesante de picante y dulce. Una comida especial es el tamal de maíz, hecho del elote fresco, preparado en el verano cuando se cosecha el maíz.

La tecnología ha cambiado desde los días cuando los indios molían su maíz. Tenemos robots de cocina y la harina de maíz ya procesada es común en nuestras cocinas. A pesar de la tecnología, esta tradición antigua de la tamalada continúa. Mujeres y también hombres se juntan para preparar esta comida, para platicar, reír, y fortalecer la familia.

A pesar del tiempo y del trabajo, los tamales siguen siendo una tradición fuerte para la familia mexicoamericana. Esta sección contiene indicaciones completas de versiones más saludables de estos tamales.

PITAS DE DESAYUNO

2	panes de pita de trigo integral
8	onzas queso tipo Mozzarella bajo en calorías, rallado
1/2	taza de SALSA TOMATILLO, calentada (página 78)

Corte los panes en mitades. Caliente los panes de pita en el tostador o en el horno de microondas. Abra cada "bolsillo" de pan. Agregue el queso y la salsa de tomatillo. Caliente en el tostador hasta que se derrita el queso.

Rinde 4 porciones

Análisis nutritivo: 1 porción
190 calorías, 6 g grasa, 3 g fibra, 826 mg sodio, 1 g grasa saturada, 10 mg colesterol
Intercambios para diabéticos: 1 PAN, 2 CARNE, 1/2 GRASA

CHALUPAS

3   **tazas de frijoles bajos en grasa**
2   **onzas de queso tipo Monterrey Jack**
        bajo en calorías, rallado
2   **onzas de queso tipo cheddar, bajo en calorías, rallado**
1   **taza de lechuga, rallada**
1   **tomate grande, sin semilla y picado**
3   **cebollas verdes, bien picadas**
12   **tortillas de maíz**
Aceite en rociador sin calorías

Caliente el horno a 500°.

Usando un majador de papas, haga puré de los frijoles en una sartén grande de teflón. Cocine lentamente hasta que se evapore el líquido y los frijoles se espesen. Cuide de que no se resequen demasiado.

Rocíe una bandeja de hornear con aceite en rociador.
Moje las tortillas enteras en agua fría por 2-3 minutos y póngalas en la bandeja de hornear.

Hornéelas a 500° por 5 minutos. Sáquelas del horno, voltéelas y cocínelas por 3-4 minutos más, cuidando que no se quemen. A esta temperatura las comidas se queman pronto. Sáquelas del horno. Baje la temperatura del horno a 350°. Unte las tostadas con los frijoles calientes. Agregue el queso y póngalas de nuevo en el horno. Hornéelas hasta que se derrita el queso.

Agregue la lechuga, el tomate y la cebolla antes de servirlas.

<u>Rinde 6 porciones</u>

Análisis nutritivo: 1 porción
350 calorías, 7 g grasa, 6 g fibra, 336 mg sodio, 2.8 g grasa saturada, 12 mg colesterol
Intercambios para diabéticos: 3 PAN, 1 CARNE, 1 GRASA

ENCHILADAS DE HONGOS

Ésta es una comida que contiene más grasa, pero es deliciosa para ocasiones especiales.

1	receta de **SALSA DE CHILE COLORADO** (página 73)
8	tazas de hongos frescos, rebanados
12	tortillas de maíz
6	porciones de Mozzarella descremada

Aceite en rociador sin calorías

Prepare la salsa de chile. Guárdela. En una sartén grande de teflón dore los hongos hasta que se ablanden.

Cocine al vapor las tortillas en el horno de microondas, dos a la vez. Se ponen las tortillas en una toalla de cocina húmeda en el horno microondas por 2 minutos, o hasta que estén listas. Sáquelas del horno de microondas con cuidado.

Caliente el horno a 350°. En la base de un molde de hornear, agregue un poco de la salsa. Deje el resto de la salsa en la sartén y moje cada tortilla en la salsa. Ponga las tortillas en un plato y agregue 1/2 palito de queso y hongos en el medio de la tortilla y enrolle. Ponga la enchilada con la juntura para abajo en el molde de hornear. Prepare todas las tortillas, rellene y enrolle. Agregue el resto de salsa a las enchiladas.

Caliéntelas en el horno por 15-20 minutos o hasta que se derrita el queso.

Rinde 6 porciones

Análisis nutritivo: 1 porción
325 calorías, 15 g grasa, 6 g fibra, 490 mg sodio, 4 g grasa saturada, 16 mg colesterol
Intercambios para diabéticos: 1 PAN, 1 VERDURA, 1 CARNE, 1 1/2 GRASA

ENCHILADAS DE CHILE COLORADO

1	receta de **SALSA DE CHILE COLORADO** (página 73)
10	**tortillas de maíz**
10	**onzas de queso tipo cheddar bajo en calorías, rallado**
1/2	**taza de cebolla, bien picada**

Caliente el horno a 350°.

Prepare la salsa de chile y manténgala caliente.

Envuelva 2 tortillas en una toalla de cocina húmeda. Cocínelas al vapor en el horno de microondas por 2 1/2 minutos o hasta que estén listas. Con cuidado, sáquelas del microondas y llénelas con queso y cebollas. Enróllelas y póngalas con la juntura para abajo en el molde de hornear. Repita con todas las tortillas. Cúbralas con la salsa de chile colorado. Espolvoréelas con queso. Póngalas al horno por 20 minutos, o hasta que se derrita el queso.

Rinde 5 porciones

Análisis nutritivo: 1 porción
400 calorías, 21 g grasa, 2 g fibra, 879 mg sodio, 5 g grasa saturada, 30 mg colesterol
Intercambios para diabéticos: 2 PAN, 2 CARNE, 1/2 VERDURA, 3 GRASA

TORTAS

Este plato de desayuno se hace usualmente con bolillos que son unos panecillos similares al pan francés.

1/2	**barra de pan francés, cortado en 12 rebanadas o 6 BOLILLOS pequeños (página 94) cortados en mitades a lo largo**
2	**tazas de FRIJOLES REFRITOS bajos en grasa, calentados (página 203)**
1/2	**taza de queso tipo Monterrey Jack bajo en calorías, rallado**
1/2	**taza de queso tipo Cheddar bajo en calorías, rallado**

Caliente el horno a 350°.

Tueste el pan francés o los bolillos.

Mezcle los quesos rallados. Unte los frijoles en los pedazos de pan. Ponga el queso encima de los frijoles y el pan. Cocine las tortas en el horno hasta que se calienten y el queso se derrita.

Sírvalas con salsa fresca.

Rinde 6 porciones

Análisis nutritivo:1 porción
300 calorías, 9 g grasa, 4 g fibra, 555 mg sodio, 5 g grasa saturada, 22 mg colesterol
Intercambios para diabéticos: 2 PAN, 1 CARNE, 2 GRASA

BACALAO A LA MEXICANA

1	cucharadita de aceite
1	chile verde, sin semilla, rebanado
1	chile rojo (dulce), sin semilla, rebanado
1	cebolla grande rebanada
2	dientes de ajo molidos
1/2	cucharadita de comino molido
1/4	cucharadita de sal
1/4	cucharadita de pimienta
4	filetes de bacalao, unas 4 onzas cada uno

Caliente el aceite en una sartén grande de teflón con tapa. A fuego lento, dore las verduras con el ajo molido, el comino, la sal y la pimienta. Mezcle bien las legumbres.

Sáquelas de la sartén y póngalas a un lado.

Enjuague el pescado y póngalo en la sartén. Ponga las legumbres con las especies sobre el pescado. Tape y cocine a fuego mediano por unos 15 minutos. Cocínelo hasta que el pescado esté opaco y se desmenuce fácilmente.

<u>Rinde 4 porciones</u>

Análisis nutritivo: 1 porción
110 calorías, 2 g grasa, 1 g fibra, 615 g sodio, 0 g grasa saturada, 56 mg colesterol
Intercambios para diabéticos: 1 VERDURA, 3 CARNE

PESCADO EN SALSA

Algunas de las mejores selecciones de pescado incluyen el atún albacor, el salmón colorado y las sardinas. Estos contienen aceites que, algunos estudios han mostrado, son eficaces en la prevención de enfermedades del corazón. Esta receta es especialmente rica cuando se hace con salsa ahumada, y es mejor cuando se usa un pescado firme para preparar el plato.

2	**libras de filetes de pescado, cortado en pedazos del tamaño para servir**
2	**tazas de SALSA MAÑANERA (página 71) u otra salsa favorita**

Ponga la salsa en una sartén grande con tapa. Caliéntela hasta que hierva. Reduzca el fuego y manténgalo a fuego lento. Ponga los filetes sobre la salsa. Tape y cocine a fuego lento por 10 minutos o hasta que el pescado esté cocido.

Con mucho cuidado, saque el pescado de la sartén. Póngalo en un plato calentado. Sírvalo con la salsa que sobre.

Rinde 8 porciones

Análisis nutritivo: 1 porción
150 calorías, 2.4 g grasa, 0 g fibra, 626 mg sodio, 0 g grasa saturada, 62 mg colesterol
Intercambios para diabéticos: 1/2 VERDURA, 4 CARNE

SALMÓN A LA PARRILLA CON CHIPOTLE

Los chiles chipotles se encuentran en la sección hispana de su supermercado. Los chipotles son jalapeños ahumados y enlatados en una salsa adobada. Compre salmón que no sea muy grueso para que se cocine más pronto en la parrilla.

2   **pedazos de salmón de 4 onzas cada uno,
        como de una pulgada de grosor**
Jugo de una lima fresca
1/2   taza de salsa tomate sin sal
1   chile chipotle con adobo

Agregue el jugo de limón al salmón y póngalo en el refrigerador por dos horas.

Ponga la salsa de tomate y el chile chipotle en una licuadora. Licúe hasta que todo quede homogéneo.

Prepare la parrilla con brasas bien calientes. Ponga el salmón en la parrilla por 7-8 minutos en cada lado o hasta que el pescado esté cocido.

Sírvalo caliente con la salsa de chipotle.

<u>Rinde 2 porciones</u>

Análisis nutritivo: 1 porción
150 calorías, 4 g grasa, 1 g fibra, 78 mg sodio, 1 g grasa saturada, 40 mg colesterol
Intercambios para diabéticos: 1/2 VERDURA, 4 CARNE

PESCADO DEL GOLFO CON ARROZ

1   libra de lenguado (flounder) u otro pescado
       cortado en pedazos de 1"
1   taza de cebolla, picada
1   cucharada de margarina baja en calorías
       disponible en envase plástico redondo
4   tazas de arroz café, tibio
1/2   taza de chiles verdes tipo California de lata, escurridos
1/2   taza de pimientos rojos
1   cucharadita de sal
Aceite en rociador sin calorías
Crema agria baja en calorías (a gusto)

Caliente el horno a 350°.

Hierva agua en una sartén y cocine el pescado por diez minutos. Escurra y guarde el pescado.

En una sartén de teflón, dore la cebolla, los chiles y los pimentos en la margarina. Rocíe un molde de hornear con aceite en rociador. Agregue el arroz, chiles, sal, pimientos y el pescado. Mezcle ligeramente.

Póngalo todo en el horno a 350° por 20 minutos o hasta que se caliente bien. Al servirlo, agregue la crema agria si lo desea. Sírvalo con una ensalada.

Rinde 4 porciones

Análisis nutritivo: 1 porción
361 calorías, 4.5 g grasa, 3 g fibra, 665 mg sodio, 1 g grasa saturada, 56 mg colesterol
Intercambios para diabéticos: 1 1/2 PAN, 4 CARNE, 1/2 VERDURA, 1 GRASA

ALBÓNDIGAS DE SALMÓN

1	lata de salmón rojo de 7.75 onzas
2	cucharadas de harina
1/4	taza de sustituto de huevo
1	cucharadita de aceite

Combine el salmón, la harina y el sustituto de huevo. Mezcle bien. Forme cuatro albóndigas. Las albóndigas están aguadas, pero después de cocer, van a estar firmes.

Caliente el aceite en una sartén de teflón. Usando una pala de servir, ponga las albóndigas en el aceite. Cocine de cada lado hasta que se doren bien.

<u>Rinde 2 porciones</u>

Análisis nutritivo: 1 porción
246 calorías, 9 g grasa, 0.2 g fibra, 560 mg sodio, 2 g grasa saturada, 41 mg colesterol
Intercambios para diabéticos: 1/2 PAN, 3 CARNE, 1/2 GRASA

HUACHINANGO VERDE

2	libras de filetes de huachinango
1/2	cucharadita de sal

Pimienta, a gusto

2	limas, peladas y rebanadas
2	cucharaditas de aceite de olivas
1	taza de SALSA DE TOMATILLO (página 78)

Ponga papel de aluminio en una bandeja de horno. Ponga el pescado sobre el papel. Espolvoree el pescado con sal y pimienta. Ponga rodajas de lima en medio de cada filete. Cubra con papel de aluminio y póngalo en el refrigerador por 4-5 horas.

Caliente el horno a 450°. Saque el pescado del refrigerador. Píntelo con aceite de oliva. Hórneelo por 30 minutos o hasta que esté opaco y se desmenuce fácilmente.

Sírvalo inmediatamente con LA SALSA DE TOMATILLO caliente.

Rinde 8 porciones

Análisis nutritivo: 1 porción
123 calorías, 2 g grasa, 0 g fibra, 215 mg sodio, 0 g grasa saturada, 62 mg colesterol
Intercambios para diabéticos: 3 CARNE

PEZ ESPADA
CON SALSA CASERA

Este plato es delicioso y fácil de preparar. Sirva con ARROZ CON LIMAS (página 199) y una ensalada para una cena especial.

4	filetes de pez espada, de aproximadamente 4 onzas cada uno
1	cucharada de aceite
2	dientes de ajo, molidos en molcajete
1/2	taza de cebolla picada
1	jalapeño, sin semilla, bien picado
5	tomates, sin semillas, bien picados
1	cucharada de jugo de lima recién exprimido
1/2	taza de cilantro, bien picado

Enjuague el pescado. Caliente el aceite en una sartén grande de teflón a fuego mediano. Dore las cebollas y el ajo. Saque de la sartén. Agregue los filetes de pescado y dórelos hasta que estén bien cocidos. Los filetes deben ponerse blancos en el centro y deben desmenuzarse fácilmente. El tiempo de cocción es aproximadamente 5 minutos. Sáquelos de la sartén y mántengalos calientes.

Ponga de nuevo la cebolla y el ajo en la sartén y añada el jalapeño. Dore. Añada los tomates, la lima y el cilantro. Cócinelo todo junto por unos 5 minutos, revolviendo frecuentemente. Con una cuchara ponga la salsa sobre el pescado caliente.

Sírvalo inmediatamente.

<u>Rinde 4 porciones</u>

Análisis nutritivo: 1 porción
207 calorías, 8 g grasa, 3 g fibra, 75 mg sodio, 2 g grasa saturada, 62 mg colesterol
Intercambios para diabéticos: 4 CARNE, 1 1/2 VERDURA, 1 GRASA

POLLO FIESTA

Aceite en rociador sin calorías
1/2   **taza de cebolla verde, rebanada**
2   **tazas de hongos en rodajas**
1/2   **taza de chiles verdes tipo California de lata, escurridos**
1/4   **taza de cilantro, picado**
1 1/2   **tazas de SALSA MAÑANERA (página 71) u otra salsa**
1   **libra de pechuga de pollo, cocido y desmenuzado**
2   **tazas de arroz café, cocido**
1   **taza de yogur agrio, bajo en grasa**
4   **onzas de queso tipo cheddar, rallado**
Pimentón
Cebolla verde

Rocíe una sartén de teflón con aceite en rociador. Ponga las cebollas, los hongos, los chiles y el cilantro adentro. Dore sobre fuego lento. Cocine por 4-5 minutos y agregue la salsa. Cocínelo hasta que el líquido se evapore.

Caliente el horno a 350°.

Rocíe un molde de hornear de dos cuartos de galón con el aceite en rociador. Reserve la mitad de las verduras y mezcle las demás con el pollo.

Combine el arroz, el yogur y las verduras que ha reservado. Combine las dos mezclas juntas y póngalas en el molde. La ultima capa debe ser de queso, pimentón y cebolla verde. Hornee por 35-40 minutos o hasta que esté bien caliente.

<u>Rinde 6 porciones</u>

Análisis nutritivo: 1 porción
340 calorías, 7 g grasa, 3 g fibra, 500 mg sodio, 6 g grasa saturada, 80 mg colesterol
Intercambios para diabéticos: 1 PAN, 4 CARNE, 1/2 VERDURA, 1 GRASA

POLLO CON VERDURAS

1	libra de pechuga de pollo sin piel o grasa
Aceite en rociador sin calorías	
1	cebolla mediana, cortada a rodajas
2	tomates grandes, picados
3	dientes de ajo
1/2	cucharadita de comino molido
4	granos de pimienta entera
2	cucharadas de vinagre
1	repollo, cortado en octavos
12	onzas de maíz congelado sin sal

Corte la pechuga de pollo en pequeñas tiras. Rocíe una sartén de teflón de tres cuartos de galón con aceite en rociador. Dore el pollo a fuego mediano.

Agregue las cebollas y el tomate, cociendo todo junto por 2-3 minutos.

En una licuadora, combine las especies, el vinagre y el ajo. Agregue al pollo y las verduras. Mezcle bien. Agregue el repollo y el maíz. Tape.

Cocine el repollo por 25-30 minutos hasta que esté tierno.

Rinde 4 porciones

Análisis nutritivo: 1 porción
335 calorías, 10 g grasa, 5 g fibra, 370 mg sodio, 2.5 g grasa saturada, 86 mg colesterol
Intercambios para diabéticos: 1 PAN, 3 1/2 CARNE, 2 VERDURA

POLLO ADOBADO

2	libras de pechuga de pollo sin piel o grasa, en pedazos pequeños
1	taza de cebolla, picada
1/2	taza de caldo de pollo bajo en sodio
3	cucharadas de polvo de chile colorado
2	dientes de ajo
1	cucharada de vinagre de vino rojo
1/2	cucharadita de orégano mexicano
1/2	cucharadita de comino molido
1/2	cucharadita de sal
12	tortillas de maíz
1/2	taza de cebolla verde, bien picada

Licúe todos los ingredientes menos el pollo, las tortillas y las cebollas en una licuadora. Ponga la mitad del puré de chile en un molde de hornear con tapa. Ponga el pollo y agregue el resto del puré de chile por encima. Tápelo y póngalo en el refrigerador durante la noche. Sáquelo del refrigerador 30 minutos antes de cocinarlo.

Caliente el horno a 350°. Hornéelo el pollo tapado por 30 minutos. Quite la tapa y hornéelo por 45 minutos más, cubriendo de vez en cuando con el puré de chile.

Desmenuce el pollo. Quite la grasa de la salsa adobada. Mezcle el pollo desmenuzado con la salsa adobada. Devuélvalo al molde de hornear, cocínelo por 15 minutos más. Sírvalo sobre tortillas calientes con cebolla verde picada.

Rinde 6 porciones

Análisis nutritivo: 1 porción
322 calorías, 4.7 g grasa, 3 g fibra, 400 mg sodio, 1 g grasa saturada, 88 mg colesterol
Intercambios para diabéticos: 2 PAN, 3 CARNE, 1/2 VERDURA, 1/2 GRASA

POLLO EN CILANTRO

Sirva con EL MEJOR ARROZ MEXICANO (página 192) y tortillas de maíz frescas.

1 1/2	**libras de filetes de pechuga de pollo cocidos y desmenuzados**
1 1/2	**libras de tomatillos**
2	**dientes de ajo**
1	**cucharadita de sal**
1/2	**cucharadita de pimienta**
1	**taza de cilantro picado**
1/2	**cucharadita de aceite de olivas**
1	**cebolla grande, bien picada**

Limpie los tomatillos. Enjuague bien en agua tibia. Ponga agua en una cacerola de tres cuartos de galón. Caliéntela hasta que hierva. Hierva los tomatillos por 10 minutos. Los tomatillos estarán cocidos cuando el color sea verde oscuro y se les quiebre el pellejo, unos 10 minutos.

Quítelos del fuego y cuélelos. Usando pinzas, ponga los tomatillos en la licuadora. Licúelos junto con el cilantro, el ajo, la sal y la pimienta hasta que todo se mezcle bien. Resérvelo.

Ponga el aceite en una sartén y dore las cebollas. Agregue el pollo desmenuzado y la salsa licuada. Caliente hasta que hierva, reduzca el fuego y mantenga a fuego lento por 30 minutos.

<u>Rinde 6 porciones</u>

Análisis nutritivo: 1 porción
185 calorías, 2 g grasa, 3 g fibra, 445 mg sodio, 1 g grasa saturada, 66 mg colesterol
Intercambios para diabéticos: 4 CARNE, 2 VERDURA

POLLO GUISADO

Esta es una adaptación de una receta de mi mamá. Mis hijos la probaron y les encantó.

1 1/2	**libras pechuga de pollo,**
	sin piel, cortada en cubitos de 1"
2	**dientes de ajo molido**
1	**cucharadita de comino, molido**
1/4	**cucharadita de pimienta entera molida (a gusto)**
2	**tazas de agua**
2	**cucharadas de salsa de tomate**
1/2	**cucharadita de sal**
2	**cucharadas de harina**

Aceite en rociador sin calorías

Rocíe una cacerola de teflón de tres cuartos de galón con aceite en rociador. Dore los cubitos de pollo a fuego mediano. Muela el ajo, pimienta y comino en el molcajete. Ponga agua en el molcajete para soltar las especies y agréguelas al pollo. Añada la salsa de tomate y sal. Caliente hasta que hierva, reduzca el fuego y mantenga a fuego lento por 10 minutos.

Disuelva la harina en dos tazas de agua hasta obtener un líquido homogéneo. Agregue al pollo, revolviendo frecuentemente para que no se le formen terrones. Caliente hasta que hierva otra vez. Reduzca el fuego y cocine a fuego lento por 15 minutos.

<u>Rinde 6 porciones</u>

Análisis nutritivo: 1 porción
140 calorías, 1.5 g grasa, 0 g fibra, 282 mg sodio, 0 g grasa saturada, 66 mg colesterol
Intercambios para diabéticos: 3 1/2 CARNE

POZOLE DE POLLO

El pozole es un buen sustituto para el menudo, que tiene mucho colesterol. ¡Esta receta es baja en colesterol y grasa y sabe rica!

1	**cebolla mediana, bien picada**
2	**dientes de ajo, bien picador**
1 1/4	**libras de pechuga de pollo cortada a cuadraditos**
1/4	**libra de filete de cerdo sin grasa cortado a cuadraditos**
6	**tazas de pozole, escurrido**
12	**tazas de agua**
2	**cucharadas de polvo de chile colorado**
1	**cucharadita de sal**
1/4	**cucharadita de orégano (a gusto)**

Aceite en rociador sin calorías
Rabanitos, cortados en rodajas finas
Cilantro, picado
Limas frescas en pedazos

En una cacerola de teflón de tres cuartos de galón, dore la cebolla y el ajo usando el aceite en rociador. Agregue el pollo y la carne de cerdo. Cocine a fuego lento hasta que estén bien doradas las carnes. Agregue agua, polvo de chile, pozole, sal y orégano. Caliente hasta que hierva, reduzca el fuego y cocínelo a fuego lento por 20-30 minutos.

Sírvalo con rabanitos, cilantro, jugo de lima y tortillas de maíz calientes.

<u>Rinde 6 porciones</u>

Análisis nutritivo: 1 porción
315 calorías, 6.5 g grasa, 10 g fibra, 744 mg sodio, 1.5 g grasa saturada, 70 mg colesterol
Intercambios para diabéticos: 2 PAN, 4 CARNE, 1/2 VERDURA

POLLO A LA NARANJA

1	lata de 6 onzas de jugo de naranja congelado
2	dientes de ajo
1/2	cucharadita de pimienta
1/2	cucharadita de comino
1/2	cucharadita de polvo de chile colorado
1	jalapeño pequeño, sin semillas, picado
1	cucharadita de sal
1 1/2	libras de pechuga de pollo, sin piel o grasa
1/2	taza de cebolla, en rodajas
8	papitas coloradas, limpias y divididas en cuatro partes

Caliente la olla de barro a fuego alto.

Licúe el jugo de naranja, el ajo, la pimienta, el comino, el polvo de chile, el jalapeño y la sal.

Ponga las pechugas de pollo en la olla y vierta el contenido de la licuadora sobre el pollo. Ponga las cebollas y las papas sobre el pollo.

Cocínelo por 6 horas a fuego alto. La temperatura del pollo debe estar a 160° antes de servir.

Rinde 4 porciones

Análisis nutritivo: 1 porción
465 calorías, 3 g grasa, 5 g fibra, 658 mg sodio, 1 g grasa saturada, 98 mg colesterol
Intercambios para diabéticos: 1 1/2 PAN, 5 CARNE, 1/2 VERDURA, 1 FRUTA

ARROZ CON POLLO

1 1/2 libras de filetes de pechuga de pollo, en tajadas
1 cucharadita de aceite vegetal
1 1/2 tazas de arroz
2 cucharadas de cebollas bien picadas
3 tazas de consomé de pollo bajo en sodio
1 taza de tomates enteros cocidos, picados
1/2 cucharadita de sal
2 dientes ajo
1/4 cucharadita de pimienta
1/4 cucharadita de comino
1 taza de chícharos y zanahorias congeladas
Aceite en rociador sin calorías

Rocíe con aceite en rociador en una sartén grande de teflón. Dore el pollo. Saque de la sartén.

Ponga una cucharadita de aceite en la misma sartén. Saltee el arroz y las cebollas, revolviendo para que se dore bien. El arroz se pondrá de color cafecito. Entonces agréguele el caldo de pollo, los tomates y la sal. Muela el ajo, la pimienta y el comino en el molcajete. Agregue poca agua para soltar las especies y añada todas las especies al arroz.

Caliente hasta que comience a hervir, mezclando bien. Ponga el pollo dorado encima del arroz. Reduzca al fuego lento, tape y cocine al vapor por 25-30 minutos. Después de 25 minutos, agregue los chícharos y zanahorias, tápelos y cocinelos por 5 minutos más.

<u>Rinde 6 porciones</u>

Análisis nutritivo: 1 porción
335 calorías, 3 g grasa, 2 g fibra, 726 mg sodio, 1 g grasa saturada, 65 mg colesterol
Intercambios de diabéticos: 2 1/2 PAN, 3 1/2 CARNE, 1/2 VERDURA 1/4 GRASA

CALABAZA CON POLLO

La calabaza es rica en vitamina C y muy baja en grasa. Si la calabaza está tierna, se puede cocer con la cáscara, aumentando el contenido de fibra. Este plato se prepara con la calabaza Tatuma, que es una calabaza redonda de verano.

1	**libra de pechuga de pollo, sin grasa o piel**
	Aceite en rociador sin calorías
8	**tazas de calabaza tatuma, cortadas en cuadraditos de 1", pelada si lo desea**
1/2	**taza de cebolla**
1	**taza de maíz congelado**
1/2	**cucharadita de comino**
1/8	**cucharadita de pimienta**
2	**dientes de ajo**
2	**cucharadas de agua**
1/4	**cucharadita de sal**
1/3	**taza de tomates cocidos enteros de lata**

Rocíe una cacerola de tres cuartos de galón con aceite en rociador. A fuego lento, dore el pollo por 10 minutos o hasta que esté bien cocido. Agregue la calabaza y las cebollas y cocine con el pollo por otros 10 minutos. Agregue el maíz y mezcle.

Muela el comino, el ajo y la pimienta en el molcajete. Agregue el agua al molcajete para soltar las especies. Añadalas al pollo y verduras. Agregue la sal y los tomates y mezcle. Tape y mantenga a fuego lento. Cocine por 15-20 minutos o hasta que esté tierna la calabaza, revolviendo de vez en cuando.

Sirva con tortillas de maíz y frijoles frescos.

<u>Rinde 4 porciones</u>

Análisis nutritivo: 1 porción
200 calorías, 2 g grasa, 6 g fibra, 320 mg sodio, 1 g grasa saturada, 50 mg colesterol
Intercambios para diabéticos: 1/2 PAN, 3 CARNE, 3 VERDURA

ENSALADA DE POLLO

1	libra de pechuga de pollo cocido, cortado en tiras
1	taza de PICO DE GALLO (página 72) u otra salsa
16	tostadas horneadas (cuatro tortillas de maíz)
	o cuatro onzas de tostadas comerciales
4	tazas de lechuga Romaine en trizas
1/2	cebolla morada, en rodajas
1	tomate, picado
1	lata de 15 onzas de frijoles rojos, escurridos
1/2	taza de queso rallado, tipo Cheddar bajo en calorías

Aceite en rociador sin calorías

Rocíe una sartén de teflón con el aceite en rociador. Caliente los pedazos de pollo un poco y agréguele Pico de gallo o salsa. Tápelo y cocínelo a fuego lento por 8-10 minutos. Desmenuce el pollo con un tenedor. Enfríelo en el refrigerador.

Para servir, ponga una capa de tostadas de tortilla, una de lechuga, una de tomates y una de cebollas. Ponga el pollo arriba. Póngale condimento de queso rallado y frijoles rojos.

<u>Rinde 4 porciones</u>

Análisis nutritivo: 1 porción
470 calorías, 13 g grasa, 5 g fibra, 440 mg sodio, 4 g grasa saturada, 115 mg colesterol
Intercambios para diabéticos: 2 PAN, 5 CARNE, 1 VERDURA, 2 GRASA

POLLO DEL SUROESTE

1 1/2 libras pechugas de pollo (6 filetes), cocidos
3 tazas de SALSA MAÑANERA (página 71)

Ponga la salsa en una sartén de teflón con tapa y caliéntela. Añada el pollo. Tápelo y cocínelo por 15-20 minutos hasta que se caliente bien el pollo. Sírvalo con la salsa.

Sírvalo con ARROZ CON JALAPEÑOS (página 198) y una ensalada verde.

<u>Rinde 6 porciones</u>

Análisis nutritivo: 1 porción
175 calorías, 3 g grasa, 2 g fibra, 278 mg sodio, 1 g grasa saturada, 73 mg colesterol
Intercambios para diabéticos: 3 CARNE, 1 VERDURA

POLLO KING RANCH

Esta receta es una versión de una comida muy popular en Tejas cuyo nombre viene del famoso Rancho King. Está versión tiene mucho menos grasa y sodio que la receta original y ofrece una magnífica comida cuando se sirve con una ensalada.

1	libra de pechuga de pollo cocido, en tajadas chicas
12	tortillas de maíz
1	taza de queso tipo Cheddar bajo en grasa, rallado
1	taza de queso tipo Mozzarella,
	hecho con leche descremada, rallado
1	lata de sopa de crema de pollo reducido en calorías
1	lata de sopa de crema de hongos,
	con bajo contenido de sodio
1/2	lata de consomé de pollo, bajo en sodio
1	taza de cebolla, bien picada
1/2	taza de hongos de lata

Aceite en rociador sin calorías

Caliente el horno a 350°. Rocíe un molde de hornear con aceite en rociador.

En una cacerola grande, mezcle los caldos de crema y el consomé de pollo. Mezcle bien.

Corte las tortillas en pedazos pequeños. Coloque las tortillas en capas, en el molde de hornear. Luego agregue la mitad de los caldos, la mitad de las cebollas, la mitad de los hongos, un tercio de el queso y la mitad del pollo. Repita con los demás ingredientes.

La última capa debe ser de queso. Se cocina en el horno por 1 hora. Sírvase inmediatamente.

Rinde 8 porciones

Análisis nutritivo: 1 porción
340 calorías, 8.4 g grasa, 2 g fibra, 672 mg sodio, 3 g grasa saturada, 62 mg colesterol
Intercambios para diabéticos: 2 PAN, 1 LECHE, 2 CARNE

ENCHILADAS SUIZAS

Mi mejor amiga Ellen me dio esta receta. La salsa de tomatillo es rica en vitamina C y las enchiladas son maravillosas.

1 1/2	libras de tomatillos, lavadas y cortadas en mitades
1/2	taza de cilantro
2	cucharaditas de ajo picado
1	cucharadita de sal

Pimienta

1 1/4	libras de pechuga de pollo, hervidas y desmenuzadas
1	taza de cebolla, bien picada (cocida, si desea)
12	onzas de queso tipo Monterrey Jack bajo en calorías, rallado
1	docena de tortillas de maíz

Aceite en rociador sin calorías
Crema agria, desgrasada

Hierva los tomatillos por cinco minutos. Los tomatillos están cocidos cuando adquieren un color verde oscuro y se hunden. Cuélelos. Usando pinzas, ponga los tomatillos en la licuadora juntos con el cilantro y el ajo. Agregue la sal y la pimienta. Licúe hasta que quede homogéneo.

Reserve un poco del queso para la capa de arriba de las enchiladas. Combine el pollo, la cebolla y el queso y resérvelo.

Caliente el horno a 350°.

Prepare las tortillas para las enchiladas mojando una toalla de cocina limpia con agua. Ponga dos tortillas en el medio de la toalla y hornee en el microondas por 2 minutos, o hasta que se ablanden. Con mucho cuidado sáquelas del microondas. Repita con todas las tortillas. Las tortillas se ablandarán con el vapor y se podrán rellenar sin quebrar.

Rocíe un molde de hornear de 9" x 12" con el aceite en rociador. Llene las tortillas ablandadas al vapor con el pollo, las cebollas y el queso. Enróllelas y póngalas con la juntura hacia abajo en el molde de hornear. Prepare todas las tortillas, rellénelas y enróllelas.

Cúbralas con la salsa de tomatillo. Espolvoréelas con el queso. Caliéntelas en el horno por 20 minutos en un horno de 350°.

Sírvalas con condimento de crema agria descremada, si lo desea.

Rinde 6 porciones

Análisis nutritivo: 1 porción
281 calorías, 6 g grasa, 4 g fibra, 117 mg sodio, 2 g grasa saturada, 29 mg colesterol
Intercambios para diabéticos: 2 PAN, 4 CARNE, 2 VERDURA, 1 GRASA

CHILE BLANCO

Esta version de chile con carne es más baja en colesterol y grasa saturada que el chile con carne roja y además sabe muy rico.

1	**cucharadita de aceite vegetal**
2	**cebollas, bien picadas**
2	**dientes de ajo bien picados**
2	**chiles serranos, sin semillas y tallos, bien picados**
1	**libra de frijoles blancos (northern), remojados en agua durante la noche**
6	**tazas de consomé de pollo, bajo en sodio, calentado**
2	**cucharadas de comino molido**
1	**cucharadita de orégano**
1/4	**cucharadita de clavos molidos**
1/2	**cucharadita de pimienta de ají de Cayena**
4	**tazas de pechuga de pollo cocido, en cuadraditos (1 1/2 libras)**

Sal a gusto

Agregue el aceite a la sartén de teflón. Dore las cebollas, el ajo y el chile a fuego lento.

Escurra los frijoles y póngalos en una olla de barro con 6 tazas de consomé de pollo hirviendo. Agregue las cebollas, el ajo y los chiles.

Agregue todas las especies y cocine en la olla a fuego fuerte por 6-8 horas. Después de 6 horas, pruebe un frijol para ver si está cocido. Agregue el pollo y cocine por 30 minutos más.

Rinde 8 porciones

Análisis nutritivo: 1 porción
352 calorías, 4.5 g grasa, 9.5 g fibra, 68 mg sodio, 1 g grasa saturada, 65 mg colesterol
Intercambios para diabéticos: 2 1/2 PAN, 4 CARNE, 1/2 VERDURA, 1/2 GRASA

TACOS DE PITA

3/4	libra de pavo molido
1/4	libra de carne de res, con bajo contenido en grasa, molida
1	taza de cebolla, bien picada
1/2	cucharadita de sal
1	diente de ajo
1/3	cucharadita de comino molido
1/4	taza de agua
1/4	taza de salsa de tomate, sin sal
4	onzas de queso rallado tipo Monterrey Jack bajo en grasa

Lechuga, en trizas
Tomate, picado
2	panes pita de trigo integral, cortados por la mitad

Combine las carnes molidas y dórelas. Escurra el exceso de grasa. Agreguelas cebollas y cocínelas hasta que estén tiernas. Muela el ajo y el comino en el molcajete. Agregue 1/4 taza de agua para juntar las especies y agréguelas a la carne dorada. Añada la salsa de tomate. Cocine a fuego lento por 10 minutos.

Caliente el pan de pita en el tostador. Llene con la carne y póngale lechuga, tomate y queso rallado.

Rinde 4 porciones

Análisis nutritivo: 1 porción
335 calorías, 12 g grasa, 4 g fibra, 607 mg sodio, 6 g grasa saturada, 97 mg colesterol
Intercambios para diabéticos: 1 PAN, 4 CARNE, 1 VERDURA, 1/2 GRASA

BURRITOS DE PAVO

1   **taza de zanahorias ralladas**
1/4   **cucharadita de comino molido**
1/4   **cucharadita de polvo de chile colorado**
1/4   **taza de yogur natural bajo en grasa**
Jugo de una lima
2   **tazas de pechuga de pavo, cocido y desmenuzado**
1/2   **taza de tomates, bien picados**
Lechuga rallada
1/4   **taza de queso tipo cheddar bajo en calorías rallado**
8   **tortillas de maíz**

Combine la zanahoria, el comino, el chile, el yogur y el jugo de limón en un tazón. Mezcle bien. Agregue el pavo y el tomate. Mezcle.

En un comal caliente, caliente las tortillas. Reparta el pavo en cada tortilla. Agregue lechuga, tomate y queso a gusto.

<u>Rinde 4 porciones</u>

Análisis nutritivo: 1 porción
300 calorías, 7 g grasa, 3 g fibra, 155 mg sodio, 2.5 g grasa saturada, 56 mg colesterol
Intercambios para diabéticos: 2 PAN, 6 CARNE, 1 VERDURA, 1 GRASA

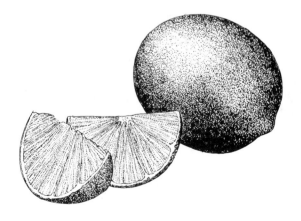

CHORIZO DE PAVO

El chorizo se usa como carne picante para el desayuno, que se prepara en combinación con huevos o papas y se sirve con tortillas. Esta receta tiene un gran sabor y contiene menos grasa que el chorizo de cerdo que se come comúnmente. Parte del pavo se puede remplazar con carne molida de lomo de res o de cerdo muy magra.

1	libra de pechuga de pavo molida gruesa
1	cucharada de sal
1	cucharada de pimentón
1	cucharada de polvo de chile colorado
1	diente de ajo, bien picado
2	cucharadas de cebolla, bien picada
1/4	taza de vinagre blanco
1/8	cucharadita de orégano

Mezcle todos los ingredientes juntos. Guarde en el refrigerador durante la noche.

Dore bien antes de cocer con huevo o papas picadas.

Rinde 8 porciones

Análisis nutritivo: 1 porción
49 calorías, 1 g grasa, 1 g fibra, 833 mg sodio, 0 g grasa saturada, 22 mg colesterol,
Intercambios para diabéticos: 2 CARNE

PAVO OLÉ

1	libra de pechuga de pavo molido, molido sin piel
1/2	taza de cebolla, bien picada
1	diente de ajo, bien picado
2	cucharaditas de polvo de chile colorado
1/2	cucharadita de comino molido
1/4	cucharadita de orégano
1	taza de salsa tomate
1/2	taza de chiles verdes tipo California de lata
1	taza de frijoles pintos, cocidos, escurridos
8	tortillas de maíz

Lechuga rallada

4	onzas de yogur natural, bajo en calorías
1	tomate, bien picado

Ponga el pavo en una sartén de teflón. Añada las cebollas y el ajo. Dore a fuego lento hasta que esté bien dorado el pavo. Agregue las especies y la salsa de tomate y cocine a fuego lento por 15 minutos. Añada los chiles y los frijoles. Caliente por 15 minutos más.

Caliente las tortillas en un comal.

Reparta el pavo sobre las tortillas calientes. Sirva con lechuga, tomates y yogur como condimentos.

<u>Rinde 4 porciones</u>

Análisis nutritivo: 1 porción
361 calorías, 4 g grasa, 8 g fibra, 955 mg sodio, 0 g grasa saturada, 71 mg colesterol
Intercambios para diabéticos: 2 1/2 PAN, 4 CARNE, 1 1/2 VERDURA, 1/2 GRASA

FIDEOS CON PAVO

Esta receta es buena para el pavo que queda después de los días festivos. A los niños les gusta y es fácil de preparar.

1	cucharadita de aceite
1 1/2	tazas de fideos
1/4	taza de cebolla picada
1/4	taza de chile verde, picado
2	cucharadas de salsa de tomate
2	tazas de agua caliente
3	tallos de cilantro, picado
2 1/4	tazas de pavo cocido, en pedazos pequeños

Ponga aceite en una sartén grande. Dore los fideos a fuego lento hasta que se doren bien, por unos 10 minutos. Es importante cuidar que no se quemen los fideos.

Agregue la cebolla y los chiles verdes y dore por tres minutos más. Añada la salsa de tomate, el agua, el cilantro y el pavo. Caliente hasta que hierva, reduzca el fuego y mantenga a fuego lento por 15 minutos hasta que se ablanden los fideos.

Sirva con frijoles, una ensalada y tortillas de maíz.

Rinde 6 porciones

Análisis nutritivo: 1 porción
285 calorías, 5 g grasa, 2 g fibra, 77 mg sodio, 1.5 g grasa saturada, 65 mg colesterol
Intercambios para diabéticos: 2 PAN, 2 CARNE

BURRITOS VERDES

¡Deliciosos!

1	**cucharadita de margarina de envase plástico redondo**
1/2	**libra de hongos, rebanados**
1/2	**chile verde, bien picado**
1	**tomate mediano, bien picado**
1	**libra de bistec de res, sin nada de grasa**
1	**taza de SALSA DE TOMATILLO (página 78)**
1/2	**cucharadita de sal**
1/2	**cucharadita de pimienta (o a gusto)**
8	**tortillas de maíz**
4	**onzas de yogur agrio bajo en grasa**

Derrita la margarina en una sartén de teflón grande. Dore los hongos, los chiles verdes y los tomates hasta que se ablanden. Resérvelos.

Corte la carne de res en tajadas finas, de aproximadamente 1/4" de grosor. Usando la misma sartén, dore bien la carne de res. Combine las legumbres con la carne de res. Añada la salsa de tomatillo, la sal y la pimienta. Caliente hasta que hierva. Reduzca el fuego y manténgalo a fuego lento. Tape y cocine por 20 minutos. En un comal, caliente las tortillas.

Caliente el horno a 350°.

Reparta la carne y las verduras sobre las tortillas. Añada el yogur y enrolle la tortilla. Póngalas en un molde de hornear y cocínelas en el horno por 5-10 minutos para que se calienten bien.

Sirva con más SALSA DE TOMATILLO si lo desea.

<u>Rinde 4 porciones</u>

Análisis nutritivo: 1 porción
360 calorías, 9 g grasa, 5 g fibra, 510 mg sodio, 3 g grasa saturada, 60 mg colesterol
Intercambios para diabéticos: 2 PAN, 2 VERDURA, 4 CARNE, 1/2 GRASA

CARNE GUISADA

Cuando invitábamos a nuestros amigos militares a casa a comer comida mexicana, ésta era una de mis recetas favoritas. La servía con frijoles pintos, arroz mexicano y tortillas de maíz frescas--¡qué maravilla!

3	**libras de bistec (round steak), sin grasa, cortado en cuadraditos de 1"**
1/2	**chile verde, sin semilla**
3	**tomates grandes y maduros**
1	**cebolla pequeña**
3	**dientes de ajo**
1/2	**cucharadita de polvo de chile colorado**
1	**cucharadita de sal**
1/2	**cucharadita de comino**
1/8	**cucharadita de orégano**

Licúe el chile verde, los tomates, la cebolla, el ajo, el chile y las especies en la licuadora. Licúe hasta que quede hecho puré.

En una cacerola de teflón de tres cuartos de galón, dore la carne de res. Escurra el exceso de grasa.

Añada el puré de verduras a la carne de res y caliente hasta que hierva. Reduzca el fuego y mantenga a fuego lento por 45 minutos.

<u>Rinde 8 porciones</u>

Análisis nutritivo: 1 porción
256 calorías, 8 g grasa, 1 g fibra, 402 mg sodio, 3 g grasa saturada, 92 mg colesterol
Intercambios para diabéticos: 6 CARNE, 1 VERDURA

FAJITAS DE LIMÓN A LA PARRILLA

Las parrilladas son muy populares en Tejas. Durante el tiempo que los vaqueros llevaban el ganado de un lugar a otro, las carnes se cocinaban sobre una fogata de mesquite. El mesquite es un árbol originario de Tejas que da leña excelente para las parrilladas, dándoles a las carnes un sabor ahumado maravilloso. Se pueden encontrar brasas de mesquite o se puede usar leña de mesquite para hacer fajitas.

Hay varios métodos de preparar fajitas. Este método es bajo en calorías y grasa. Este método para marinar la carne es bajo en grasa y fácil. Seleccione fajitas sin nada de grasa y cortadas si es posible.

**1   libra de fajitas, sin nada de grasa visible
        y cortadas longitudinalmente.
Jugo de 4-5 limones.**

Prepare las fajitas quitándoles toda la grasa y tejidos. Agregue el jugo de limón y cubra bien.

Ponga las fajitas en un envase cerrado y póngalas en el refrigerador. Deje marinar en el refrigerador por 2 días, dándoles la vuelta varias veces.

El día que las vaya a cocinar: Prepare las brasas de mesquite. Cocine las fajitas sobre las brasas de mesquite bien calientes de 10 a 15 minutos en cada lado.

¡Sirva con arroz, frijoles, PICO DE GALLO y tortillas de maíz frescas para una comida tejana!

<u>Rinde 4 porciones</u>

Análisis nutritivo: 1 porción
165 calorías, 6 g grasa, 0 mg fibra, 86 mg sodio, 2 g grasa saturada, 64 mg colesterol
Intercambios para diabéticos: 3 CARNE

CARNE CON PAPAS

1	libra de bistec, sin grasa cortada en cuadraditos de 2"
3	papas medianas, cortadas en cuadraditos de 1", peladas si lo desea
1/4	taza de salsa de tomate, sin sal
3	tazas de agua
1	cucharadita de sal
3	dientes de ajo
1	cucharadita de especies mexicanas (comino y pimienta) molidas en molcajete

En una cacerola de teflón de tres cuartos de galón, dore los cuadraditos de carne a fuego mediano. No use ninguna grasa adicional. Dore la carne hasta que todo el jugo se evapore. Agregue los trocitos de papa, la salsa de tomate, el agua y las especies. Caliente hasta que comience a hervir. Reduzca el fuego y cocine a fuego lento por 30 minutos, o hasta que las papas estén tiernas.

Rinde 4 porciones

Análisis nutritivo: 1 porción
228 calorías, 6 g grasa, 3 g fibra, 626 mg sodio, 2 g grasa saturada, 60 mg colesterol
Intercambios para diabéticos: 1 1/2 PAN, 3 CARNE

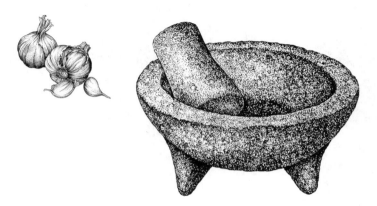

GUISADO DE VENADO

2   **libras de venado**
2   **cucharadas de harina**
1   **cucharadita de aceite**
6   **tazas de agua hirviendo**
Pimienta molida
4   **papas medianas, cortadas a cuadraditos**
4   **zanahorias, a rodajas**
4   **cebollas picadas**
1/2   **cucharadita de sal**
2   **cucharadas de harina**
Agua

Corte la carne de venado en cuadraditos de 1". Mezcle la sal y la pimienta con la harina. Pase los trozos de carne por la harina. Caliente el aceite en una olla de tres cuartos de galón. Dore la carne en el aceite.

Agregue el agua hirviendo a la carne. Tape y caliente hasta que hierva. Reduzca el fuego y mantenga a fuego lento por 2-3 horas. Agregue las verduras y cocínelas hasta que se ablanden. Disuelva 2 cucharadas de harina en agua y añádalas al guisado para espesarlo.

<u>Rinde 8 porciones</u>

Análisis nutritivo: 1 porción
250 calorías, 5 g grasa, 4 g fibra, 252 mg sodio, 2 g grasa saturada, 65 mg colesterol
Intercambios para diabéticos: 1 PAN, 3 1/2 CARNE, 2 1/2 VERDURA

MASA PARA TAMALES

1/2	taza de margarina de aceite de maíz (de envase plástico redondo)
1	cucharadita de sal
1	cucharadita de polvo de hornear
2 1/2	tazas de harina de maíz
1 1/8	tazas de consomé de pollo bajo en sodio, calentado
2	cucharaditas de polvo de chile colorado

Ponga la margarina, la sal y el polvo de hornear al tazón del robot de cocina. Bata hasta que esté bien mezclada, parando para limpiar las paredes del recipiente.

Añada la masa de harina y mezcle bien. Agregue el caldo de pollo y el polvo de chile colorado y procese. Pare de vez en cuando para limpiar las paredes. Procese por aproximadamente un minuto, hasta que se forme una bola.

Ponga en el refrigerador por 2-3 horas o durante la noche. Es mejor que la masa esté fría cuando la use.

<u>Rinde 10 porciones</u>

Análisis nutritivo: 1 porción (2 porciones masa de tamales)
177 calorías, 8 g grasa, 0 g fibra, 383 mg sodio, 2 g grasa saturada, 0 mg colesterol
Intercambios para diabéticos: 1 PAN, 2 GRASA

PREPARACIÓN DE LAS HOJAS

**2   bolsas de hojas de maíz secas
(para encargar, consulte las páginas 44-45)
Agua tibia
Un recipiente grande o el fregadero de la cocina bien limpio**

Llene el recipiente con agua tibia. Ponga las hojas en el agua tibia por un mínimo de 3 horas.

Quítele todos los hilos a las hojas y enjuague bien para quitar toda la suciedad.

Separe y seque ligeramente cada hoja para preparar a rellenar. Deben estar un poco húmedas cuando empiece a rellenar con la masa.

Al estar húmedas se doblan mejor y son más fáciles de rellenar.

PREPARACIÓN DE LOS TAMALES

**Relleno de tamales preferido
Masa preparada
Hojas preparadas
Bolsas de plástico para el congelador**

Prepare un lugar grande para hacer los tamales. Ponga los rellenos, la masa y las hojas en este lugar. La masa y los rellenos deben estar enfriados. Separe las hojas individualmente en piezas de aproximadamente 8" x 5".

Tome una hoja y póngala en la palma de la mano. Con la parte de atrás de una cuchara, tome aproximadamente dos cucharadas de masa y unte la masa en la parte de abajo de la hoja. La capa de la masa debe ser finita para que se cocine bien.

Tome un poco del relleno y póngalo en el tercio medio del tamal. Con cuidado, envuelva el tamal de derecha a izquierda y doble la parte superior por debajo. Póngalos en una bolsa de plástico o en un envase hasta que estén listos para cocerse. En bolsas de plástico para el congelador, se mantienen por seis meses en el congelador.

COCCIÓN DE LOS TAMALES AL VAPOR

Agua hirviendo

Ponga una cesta para vapor en una cacerola grande con tapa. Ponga 2 docenas de tamales con la apertura de cada tamal hacia arriba.

Con mucho cuidado, vacíe el agua hirviendo en la cacerola sin mojar los tamales. Tape la cacerola bien con el papel de aluminio, asegurando que no se le pueda escapar el vapor.

Caliente hasta que comience a hervir, reduzca el fuego y cocine a fuego lento por 60 minutos.

Abra la cobertura de papel de aluminio con mucho cuidado.

TAMALES DE POLLO

1 receta de masa para tamales (página 169)
Hojas para tamales

Relleno para tamales:
3	**mitades de pechuga de pollo cocido, desmenuzado**
1	**cucharadita de polvo de chile colorado**
1/2	**cucharadita de sal**
1	**diente de ajo**
1/2	**cucharadita de especies mexicanas (o 1/4 cucharadita de semilla de comino y 1/8 cucharadita de pimienta entera)**
1/2	**taza de agua**

Ponga el pollo desmenuzado en una sartén de teflón y caliente.

Muela las especies y el ajo en el molcajete. Añada agua para soltar las especies. Vierta sobre el pollo. Agregue la sal y el polvo de chile y mezcle bien.

Caliéntelo a fuego lento por 10 minutos y resérvelo.

Prepare las hojas con masa. Llene con pollo y envuelva con cuidado. En una cacerola con tapa, cocine al vapor por una hora. El pollo tiene bastantes especies. Use menos especies si lo desea.

Rinde 10 porciones

Análisis nutritivo: 1 porción/2 tamales
221 calorías, 9 g grasa, 0 fibra, 510 mg sodio, 2 gr grasa saturada, 22 mg colesterol
Intercambios para diabéticos: 1 PAN, 1 CARNE, 2 GRASA

RELLENO PARA TAMALES VEGETARIANOS

2   **tazas de frijoles pintos preparados**
       sin tocino o jamón (se pueden encontrar también en lata)
1   **receta de MASA PARA TAMALES (página 169)**
Hojas para tamales

Ponga los frijoles en una cacerola de teflón de 2 cuartos de galón. Usando un majador de papas o un machucador de frijoles, aplaste los frijoles hasta que obtenga la consistencia deseada. Cocine sobre fuego lento y deje que se evapore el agua. El relleno debe estar un poco húmedo.

Prepare las hojas de maíz con masa.

Agregue de 1 a 1 1/2 cucharaditas de frijoles a la hoja y enrolle con cuidado.

Cocine al vapor en una cacerola con tapa que se cierre herméticamente por una hora.

<u>Rinde 10 porciones</u>

Análisis nutritivo: 1 porción
221 calorías, 8.4 g grasa, 2.4 g fibra, 386 mg sodio, 2 g grasa saturada, 0 mg colesterol
Intercambios para diabéticos: 1 PAN, 1 CARNE, 2 GRASA

TAMALES ARIZONA

1 receta de MASA PARA TAMALES (página 169)
Hojas de maíz

**10   tajadas de queso Mozzarella desgrasado de
         una onza, preparado con leche descremada**
20   rajadas de chiles verdes, tipo California, escurridos

Unte la masa en las hojas.

Ponga la mitad de una tira de queso y una rodaja de chile en cada tamal. Prepare como se ha indicado. Cocine en una cacerola grande con tapa hermética al vapor por 60 minutos.

Sirva inmediatamente.

<u>Rinde 10 porciones</u>

Análisis nutritivo: 1 porción/2 tamales
253 calorías, 12 g grasa, 0 g fibra, 520 mg sodio, 4.5 g grasa saturada, 16 mg colesterol
Intercambios para diabéticos: 1 PAN, 1 CARNE, 2 1/2 GRASA

VERDURAS, ARROZ Y FRIJOLES

VERDURAS, ARROZ Y FRIJOLES

BRÓCOLI A LA MEXICANA

1   libra de brócoli fresco
1   taza de SALSA MAÑANERA, calentada (página 71)
4   onzas queso tipo Cheddar bajo en calorías, rallado

Caliente el horno a 350°.

Lave el brócoli. Corte los tallos en pedazos de 3-4 pulgadas. Cócinelos al vapor por 5-6 minutos o hasta que estén tiernos y adquieran un color de verde brillante.

Ponga el brócoli en un molde de hornear de vidrio 9" x 12" y vierta la salsa caliente encima. Espolvoree con el queso rallado. Ponga al horno por 5-10 minutos hasta que el queso se derrita.

Sirva inmediatamente.

Rinde 4 porciones

Análisis nutritivo: 1 porción
60 calorías, 1 g grasa, 4 g fibra, 262 mg sodio, 0 g grasa saturada, 3 mg colesterol
Intercambios para diabéticos: 1 1/2 VERDURA, 1 CARNE

CALABACITAS

1 1/2   **cucharaditas de margarina en envase de plástico redondo**
1/2   **taza de cebolla, bien picada**
1/2   **chile colorado dulce, picado**
2   **calabacitas tipo zucchini, cortadas en tiras largas**
2   **calabazas amarillas, cortadas en tiras largas**
1/2   **cucharadita de sal**
1/8   **cucharadita de polvo de chile colorado**
1   **cucharada de cilantro, bien picado**

En una sartén de teflón, derrita la margarina. Ligeramente dore las cebollas y el chile colorado hasta que estén tiernos. Agregue la calabaza y dore por unos 5 minutos o hasta que estén cocidos.

Antes de servir, mezcle con sal, chile y cilantro.

Rinde 6 porciones

Análisis nutritivo: 1 porción
65 calorías, 1 g grasa, 4 g fibra, 193 mg sodio, 0 g grasa saturada, 0 mg colesterol
Intercambios para diabéticos: 1 1/2 VERDURAS, 1/2 PAN

COLACHE

Encontré esta receta cuando estaba revisando un libro de cocina sudamericana. Contiene muchas vitaminas y fibra, y es muy rica.

1	**libra de calabazas tipo zucchini, en rodajas**
1	**taza de ejotes frescos**
2	**mazorcas de maíz frescos, en cuartos**
1/2	**taza de cebolla, picada**
1/2	**taza de hongos, en rebanadas**
3	**tomates frescos, sin semillas, en cuartos**
1	**taza de pozole, escurrido**
1/2	**cucharadita de sal**

Aceite en rociador sin calorías

Al baño María, cocine al vapor la calabaza, el ejote y los elotes por 7 minutos, o hasta que estén tiernos.

Rocíe una sartén de teflón de tres cuartos de galón con tapa con el aceite en rociador. Dore las cebollas a fuego lento por 5-8 minutos. Añada los hongos y dórelos hasta que estén tiernos. Agregue las otras verduras y tape. Cocine a fuego lento por 10 minutos, revolviendo de vez y cuando.

Agregue la sal y sirva calentito.

<u>Rinde 8 porciones</u>

Análisis nutritivo: 1 porción
84 calorías, 1 g grasa, 6 g fibra, 241 mg sodio, 0 g grasa saturada, 0 mg colesterol
Intercambios para diabéticos: 1 1/2 VERDURA, 1/2 PAN

POZOLE DEL GOBERNADOR

Cuando estaba en la universidad, trabajé como guía en el Capitolio de Tejas y en la Mansión del Gobernador. Las cocineras de la Mansión eran bien agradables y me dieron esta receta: una de las favoritas de la esposa del gobernador de entonces. La he modificado para reducirle la grasa y el colesterol.

1	**lata de 16 onzas de pozole blanco**
1	**lata de caldo de crema de hongos, bajo en grasa**
4	**onzas queso tipo Cheddar o Monterrey bajo en grasa, rallado**

Caliente bien el pozole en una sartén. Escurra el líquido. Agregue el caldo de crema de hongos sin diluir y caliente bien. Vierta en un tazón para servir. Sirva bien caliente. Antes de servir, añada el queso y deje que se derrita.

<u>Rinde 6 porciones</u>

Análisis nutritivo: 1 porción
143 calorías, 2 g grasa, 5 g fibra, 660 mg sodio, 0 g grasa saturada, 5 mg colesterol
Intercambios para diabéticos: 1 PAN, 1 CARNE

EJOTES (JUDÍAS VERDES) GUISADOS

1/2	taza de cebollas, bien picadas
2	dientes de ajo, bien picado
1	cucharadita de aceite
1	bolsa de 16 onzas de ejotes congelados
1	lata de 16 onzas de tomates enteros, sin sal, escurridos y machucados
1/2	cucharadita de sal

Pimienta molida

En una sartén de teflón, dore las cebollas y el ajo en el aceite. Agregue los ejotes, los tomates, la sal y la pimienta.

Cocine a fuego lento por 15 minutos, revolviendo.

<u>Rinde 4 porciones</u>

Análisis nutritivo: 1 porción
77 calorías, 1 g grasa, 5 g fibra, 274 mg sodio, 0 g grasa saturada, 0 mg colesterol
Intercambios para diabéticos: 2 VERDURA

CALABACITAS DE ZUCCHINI CON QUESO

1/4	taza de cebollas verdes
1	diente de ajo
1	cucharadita de aceite vegetal
6	calabacitas de zucchini medianas, en rodajas delgadas
1	lata de 16 onzas de maíz, sin sal
1/4	taza de consomé de pollo bajo en sodio
1	cucharada de queso tipo parmesano
4	onzas de queso tipo crema, bajo en calorías
1/8	cucharadita de sal
1/8	cucharadita de pimienta
2	cucharadas de leche con 2% contenido en grasa

En una sartén grande de teflón, caliente el aceite y dore las cebollas y el ajo. Mezcle el zucchini y dore por 8 minutos. Añada el maíz y mezcle lentamente hasta que se caliente.

Agregue el consomé de pollo.

Mezcle los quesos, la sal, pimienta y leche. Agregue a las verduras, caliente y sirva inmediatamente.

<u>Rinde 6 porciones</u>

Análisis nutritivo: 1 porción
198 calorías, 5 g grasa, 7 g fibra, 210 mg sodio, 1 g grasa saturada, 11 mg colesterol
Intercambios para diabéticos: 2 VERDURAS, 1 PAN

MAÍZ A LA MEXICANA

1/2	taza de cebolla picada
1	lata de 16 onzas de maíz sin sal
2	cucharadas de pimienta
1/2	cucharadita de aceite

En una sartén grande de teflón, dore las cebollas hasta que estén tiernas. Agregue el maíz y los pimientos.

Caliente bien, sirva caliente.

<u>Rinde 4 porciones</u>

Análisis nutritivo: 1 porción
44 calorías, 1 g grasa, 1 g fibra, 3 mg sodio, 0 g grasa saturada, 0 mg colesterol
Intercambios para diabéticos: 1/2 VERDURA, 1 1/2 PAN

BERENJENAS A LA MEXICANA

1	**berenjena grande, cortada en rodajas**
2	**tazas de SALSA MAÑANERA (página 71)**

En una sartén grande con tapa, hierva la SALSA MAÑANERA. Agregue la berenjena y tape bien. Reduzca el fuego y cocínela a fuego lento por 5-7 minutos o hasta que la berenjena esté tierna. Sírvala con la salsa.

<u>Rinde 6 porciones</u>

Análisis nutritivo: 1 porción
50 calorías, 1 g grasa, 3 g fibra, 350 mg sodio, 0 g grasa saturada, 0 mg colesterol
Intercambios para diabéticos: 1 1/2 VERDURA

POZOLE A LA MEXICANA

1	cucharadita de aceite
3/4	taza de cebolla picada
2 1/2	tazas de pozole amarillo, escurrido
1 1/4	taza de tomates enteros de lata, molidas, sin sal
1	taza de SALSA DE CHILE COLORADO sin grasa (página 73)
4	onzas de queso tipo Mozzarella bajo en calorías rallado

En una sartén grande de teflón, dore las cebollas en el aceite hasta que estén tiernas. Agregue el pozole escurrido y los tomates a la sartén. Mezcle bien. Agregue la SALSA DE CHILE COLORADO y caliente bien. Ponga en un molde de hornear y espolvoree con queso antes de servir.

Sirva inmediatamente.

<u>Rinde 6 porciones</u>

Análisis nutritivo: 1 porción
170 calorías, 7.5 g grasa, 6 g fibra, 330 mg sodio, 11 mg colesterol
Intercambios para diabéticos: 1 VERDURA, 1 PAN, 1 CARNE, 1 GRASA

LICUADO DE NOPALITO

En Baja California y en el Sur de California, como también en Tejas, muchos hispanos creen que el nopal ayuda a curar la diabetes, pero esto no está comprobado. Esta receta contiene mucha vitamina C y fibra.

6   onzas de jugo de naranja
2   hojas de nopal

Licúe hasta que se una todo bien. Póngalo en el refrigerador para enfriar.

<u>Rinde 1 porción</u>

Análisis nutritivo: 1 porción
180 calorías, 1 g grasa, 8 g fibra, 14 mg sodio, 0 g grasa saturada, 0 mg colesterol
Intercambio para diabéticos: 2 VERDURA, 2 1/2 FRUTA

PAPITAS DORADAS

Estas papas son las favoritas de mis hijos. Una porción de dos onzas y media de papitas fritas regulares contiene como 15 gramos de grasa y 3 gramos de grasa saturada. Esta receta, en cambio, tiene solamente tres gramos de grasa y casi nada de grasa saturada.

4	**papas grandes para hornear**
1	**cucharada de margarina**
	disponible en envase plástico redondo
1/2	**cucharadita de sal sazonada**

Pele y corte las papas como para papitas fritas. En una bandeja para hornear, derrita la margarina en el horno de 350 °. Ponga las papas en la bandeja y espolvoréelas con la sal sazonada y la pimienta, si lo desea. Mezcle con la margarina para cubrirlas bien.

Póngalas al horno a 350° por 45-60 minutos, dándoles la vuelta después de 30 minutos para que se doren bien.

<u>Rinde 4 porciones</u>

Análisis nutritivo: 1 porción
115 calorías, 3 g grasa, 3 g fibra, 305 mg sodio, 1 g grasa saturada, 0 mg colesterol
Intercambios para diabéticos: 2 PAN, 1/2 GRASA

REPOLLO DELICIOSO

El repollo es un vegetal crucífero recomendado por la Sociedad Americana del Cáncer para ayudar a prevenir el cáncer.

1	**taza de cebolla picada**
1	**cucharada de margarina líquida**
1	**cabeza de repollo, cortada en ocho pedazos**
2	**tomates medianos, sin semillas y picados**
1/4	**cucharadita de sal**

Pimienta

En una cacerola de teflón de tres cuartos, dore las cebollas en la margarina hasta que estén tiernas. Agregue el repollo, el tomate y las especies.

Tape y cocine a fuego lento hasta que el repollo se ablande, por aproximadamente 30 minutos.

Rinde 8 porciones

Análisis nutritivo: 1 porción
60 calorías, 2 g grasa, 5 g fibra, 117 mg sodio, 0 g grasa saturada, 0 mg colesterol
Intercambios para diabéticos: 2 VERDURA, 1/2 GRASA

CALABAZAS AL ESTILO DEL SUR DE TEJAS

¿No sabe la diferencia entre la calabaza de invierno y la de verano? La calabaza de verano tiene una cáscara delgada que se pincha fácilmente. Un ejemplo es la calabaza amarilla. La calabaza de invierno tiene cáscara dura. Una calabaza del Día de las Brujas (Halloween) es un buen ejemplo de calabaza de invierno.

1	taza de cebolla picada
1	cucharadita de margarina de envase de plástico redondo
7	tazas de calabaza amarilla, pelada y cortada en rodajas
1/2	taza de tomates de lata Ro-Tel* o sustituto, molidos
1/8	cucharadita de pimienta molida, o a gusto
4	onzas de queso tipo Mozzarella hecho con leche descremada, rallado

Aceite en rociador sin calorías

En una sartén grande, derrita la margarina. Dore las cebollas hasta que estén tiernas. Agregue la calabaza y siga dorando, mezclando bien. Dore por unos 5 minutos, revolviendo de vez en cuando.

Caliente el horno a 350°.

Prepare un molde de hornear con aceite en rociador. Agregue las legumbres, los tomates y los chiles verdes. Sazone con pimienta y mézclelos un poco. Espolvoree con el queso rallado. Ponga al horno por 30 minutos o hasta que se derrita el queso.

Rinde 8 porciones

Análisis nutritivo: 1 porción
70 calorías, 3 g grasa, 2 g fibra, 200 mg sodio, 2 g grasa saturada, 7 mg colesterol
Intercambios para diabéticos: 1 VERDURA, 1 PAN, 1/2 GRASA, 1 CARNE

*Tomates Ro-Tel son una combinación de tomates cocidos con chiles verdes. Estos tomates son medianamente picantes, y van bien con muchos platos. Algunas compañías fabrican productos similares que se pueden sustituir.

ESPINACAS A LA MEXICANA

1	paquete de espinacas frescas (10 onzas), bien lavadas
1 1/2	cucharaditas de aceite de oliva extra virgen
1	cebolla chica, bien picada
2	dientes de ajo, molido
2	tomates, picados y sin semillas
1/2	cucharadita de sal
1/8	cucharadita de pimienta

En una cacerola de teflón de tres cuartos con tapa, caliente un cuarto de galón de agua a que hierva. Agregue las espinacas bien limpias. Caliente hasta que hierva otra vez, batiendo bien. Reduzca el fuego y cocine a fuego lento por 5 minutos.

En un colador, escurra el agua de las espinacas suavemente. Póngalas a un lado. En una sartén grande, caliente el aceite y dore las cebollas y el ajo hasta que estén tiernos. Agregue los tomates y dore por 5 minutos más. Agregue las espinacas y caliente bien. Sazone con sal y pimienta.

<u>Rinde 4 porciones</u>

Análisis nutritivo: 1 porción
50 calorías, 2 g grasa, 4 g fibra, 328 mg sodio, 0 g grasa saturada, 0 mg colesterol
Intercambios para diabéticos: 1 1/2 VERDURA 1/2 GRASA

CALABACITAS DE ZUCCHINI

1/2	taza de cebollas, bien picadas
1	tomate mediano, picado
1	diente de ajo
1	cucharadita de aceite
6	zucchini, rebanado a lo largo
1	lata de maíz de 11 onzas, sin sal
1/4	taza de caldo de pollo bajo en sodio
4	onzas de queso tipo crema bajo en calorías
4	onzas queso tipo Monterrey Jack bajo en calorías, rallado
1/8	cucharadita de sal
1/8	cucharadita de pimienta
1/4	taza de cilantro bien picado

En una sartén de teflón grande con tapa, dore las cebollas, los tomates y el ajo. Agregue el zucchini y el maíz y siga cociendo. Agregue el caldo de pollo y caliente hasta que hierva. Reduzca el fuego, tape y cocine hasta que las verduras estén tiernas, por unos 6-8 minutos.

En un tazón, mezcle los quesos. Agregue la sal y pimienta. Añada a las verduras, siga cociendo por un rato y agregue el cilantro.

Sirva inmediatamente.

<u>Rinde 12 porciones</u>

Análisis nutritivo: 1 porción
110 calorías, 4 g grasa, 3 g fibra, 104 mg sodio, 1.4 g grasa saturada, 11 mg colesterol
Intercambios para diabéticos: 2 VERDURA, 1/2 PAN, 1/2 GRASA, 1/2 CARNE

EL MEJOR ARROZ MEXICANO

1	**taza de arroz blanco**
2	**tazas de agua caliente**

Un limón fresco

1	**cucharadita de aceite**
2	**tomates medianos, picados y sin semillas**
1/2	**chile verde mediano, sin semillas, picado**
2	**dientes de ajo molido**
1	**cucharadita de comino molido**
2	**tazas de consomé de pollo bajo en sodio**
1/4	**taza de cilantro picado**

En un tazón grande, cubra el arroz con agua caliente. Agregue todo el jugo de un limón y déjelo en remojo por 5 minutos.

Escurra bien usando el colador.

Caliente el aceite en una sartén de teflón con tapa. Dore el arroz. Añada los tomates y el chile verde.

Muela las especies en el molcajete. Use un poquito de agua para soltar las especies y agréguelas al arroz. Añada el caldo de pollo y el cilantro y caliente hasta que hierva. Reduzca el fuego, tape y cocine a fuego lento por 20 minutos o hasta que todo el caldo se haya absorbido.

<u>Rinde 6 porciones</u>

Análisis nutritivo: 1 porción
140 calorías, 1 g grasa, 1 g fibra, 300 mg sodio, 0 g grasa saturada, 0 mg colesterol
Intercambios para diabéticos: 1/2 VERDURA, 1 1/2 PAN

ARROZ MORENO CON EPAZOTE

Este es un método diferente para preparar el arroz. El epazote es una hierba que se usa mucho en México. Agrega un sabor singular, como de nuez, a las comidas. Alguna gente dice que tiene propiedades medicinales.

1	**taza de arroz moreno sin cocer**
2 1/2	**tazas de agua**
1/2	**cucharadita de sal**
1/2	**taza de cebollas, picadas**
1	**taza de tomatoes frescos, picados**
4	**cucharaditas de epazote fresco, bien picado**
1/2	**cucharadita de comino, tostado y molido**

En una cacerola gruesa con tapa, caliente el agua y la sal hasta que empiecen a hervir. Agregue el arroz. Caliente hasta que hierva otra vez. Reduzca el fuego, tape y cocine a fuego lento por 25 minutos. Agregue las legumbres, el epazote y el comino. Tape otra vez y cocine a fuego lento por 20 minutos más. Esponjee antes de servir.

<u>Rinde 6 porciones</u>

Análisis nutritivo: 1 porción
93 calorías, 1 g grasa, 1 g fibra, 138 mg sodio, 0 g grasa saturada, 0 mg colesterol
Intercambios para diabéticos: 1/2 VERDURA, 1 1/2 PAN

ARROZ CARIBE

Una compañera de trabajo me dio esta receta interesante. Su madre es de Puerto Rico y su papá de Mexico. Esta receta combina estas dos culturas hispanas. La cantidad de sodio es solamente aproximada porque la cantidad de sodio en el condimento sazón no es disponible. El condimento sazón se encuentra en los supermercados hispanos.

Condimento Caribe:

1/4	taza de cilantro
1/2	taza de cebolla
2	dientes de ajo
1/2	cucharadita de comino molido
1	paquete Sazón Goya con achiote
1/2	taza de agua

Licúe todos los ingredientes hasta que todo quede mezclado.

1	cucharadita de aceite
2	tazas de arroz blanco, sin cocer
1	cucharada de pasta de tomate
3	cucharadas de sazonamiento Caribe
1	cucharadita de sal
4	tazas de agua

En una sartén de teflón grande con tapa, dore el arroz en el aceite. El arroz se debe de revolver frecuentemente para que se dore bien. Después de que se dore el arroz, agréguele la pasta de tomate, el condimento Caribe, la sal y el agua. Mezcle bien. Caliente hasta que hierva. Reduzca el fuego y tape. Cocínelo a fuego lento por 20 minutos.

Rinde 8 porciones

Análisis nutritivo: 1 porción
128 calorías, 0 g grasa, 0 g fibra, 103 mg sodio, 0 g grasa saturada, 0 mg colesterol
Intercambios para diabéticos: 2 1/2 PAN

*El contenido de sodio es sólo aproximado porque no se conoce el contenido de sodio del aderezo sazón. El aderezo Caribe puede usarse para otros platos de pastas, como *vermicelli*, o con carne. Los restos del aderezo se pueden guardar en el refrigerador por una semana o se pueden congelar en una bandeja de cubos de hielo para ser usados a medida que los necesite.

ARROZ CON COMINO

1	cucharadita de aceite
1/2	taza de cebolla picada
1/2	taza de chile verde, picado
1/4	taza de chile colorado dulce, picado
2	dientes ajo, bien picados
1	cucharadita de comino molido
1	taza de arroz cafe sin cocer
2 1/2	tazas de consomé de pollo bajo en sodio, caliente

En una sartén de teflón, caliente el aceite. Dore las cebollas y los chiles. Agregue el ajo, el comino y el arroz. Mezcle bien y dore el arroz. Agregue el caldo de pollo caliente. Caliéntelo hasta que hierva. Reduzca el fuego, tape, y cocine a fuego lento por 45-50 minutos o hasta que el arroz esté tierno.

Rinde 6 porciones

Análisis nutritivo: 1 porción
109 calorías, 2 g grasa, 1 g fibra, 36 mg sodio, 0 g grasa saturada, 1 mg colesterol
Intercambios para diabéticos: 1 PAN

ARROZ VERDE

1   **taza de arroz moreno sin cocer**
2 1/2   **tazas de agua**
1/8   **cucharadita de sal**
1   **calabaza tipo zucchini, rallado**
1/4   **taza de cebolla verde, bien picada**
1/8   **taza de cilantro, bien picado**

Caliente el agua hasta que comience a hervir. En una sartén con tapa ponga el arroz y la sal. Cuando hierva otra vez, tape y baje el fuego. Cocine lentamente por 45-50 minutos. Cuando esté cocido, agregue las verduras, tape y cocine a fuego lento por 2-3 minutos más.

Esponje antes de servir.

<u>Rinde 6 porciones</u>

Análisis nutritivo: 1 porción
127 calorías, 1 g grasa, 2 g fibra, 275 mg sodio, 0 g grasa saturada, 0 mg colesterol
Intercambios para diabéticos: 1/2 VERDURA, 1 1/2 PAN

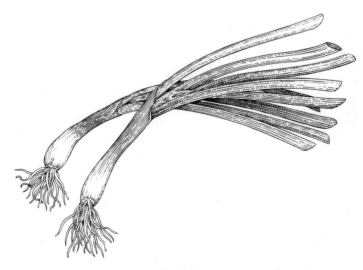

ARROZ CON JALAPEÑOS

1/2	taza de apio picado
1	cucharada de jalapeños de lata, picados
1	cucharadita de aceite
1	taza de arroz blanco
2	tazas de consomé de pollo bajo en sodio
1/2	cucharadita de comino molido

En una sartén grande de teflón con tapa, dore el apio y los jalapeños en aceite. Saque de la sartén. Agregue el arroz y dore a fuego lento hasta que el arroz esté bien doradito.

Agregue el consomé de pollo, el comino, el apio y los jalapeños. Caliente hasta que hierva. Tape, reduzca el fuego y cocine a fuego lento por 20 minutos. Esponjéelo antes de servir.

Rinde 7 porciones

Análisis nutritivo: 1 porción
114 calorías, 1 g grasa, 1 g fibra, 267 mg sodio, 0 g grasa saturada, 0 mg colesterol
Intercambios para diabéticos: 1/4 VERDURA, 1 1/2 PAN

ARROZ CON LIMAS

La madre de una paciente en Houston me dio esta receta. Le añade sabor al arroz.

2   tazas de agua
1   diente de ajo grande
Jugo de dos limas, dividido
1/2   cucharadita de cáscara de lima
1/4   cucharadita de sal
1   taza de arroz blanco

Caliente el agua, el ajo y el jugo de una lima y la sal hasta que hierva. Agregue el arroz. Caliente hasta que hierva otra vez. Tape bien, reduzca el fuego y cocine por 20 minutos. Mezcle con el jugo de una lima antes de servir.

<u>Rinde 6 porciones</u>

Análisis nutritivo: 1 porción
115 calorías, 0 g grasa, 0 g fibra, 90 mg sodio, 0 g grasa saturada, 0 mg colesterol
Intercambios para diabéticos: 1 1/2 PAN

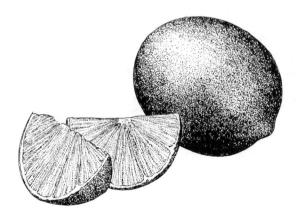

ARROZ CON CAMARONES SECOS

En el sur de Tejas y el norte de México se acostumbra a comer este plato en Cuaresma. Esta versión tiene menos grasa.

1	**taza de arroz blanco**
2	**tazas de agua**
1/2	**onza de camarones secos**
2	**cucharadas de tomates bien picados**
1	**cucharadita de sal**

En una cacerola con tapa, caliente el agua hasta que hierva. Agregue el arroz, los camarones, los tomates y la sal. Caliente hasta que hierva otra vez. Reduzca el fuego, tápelo y cocine a fuego lento por 20 minutos.

<u>Rinde 6 porciones</u>

Análisis nutritivo: 1 porción
120 calorías, 0 g grasa, 0 g fibra, 365 mg sodio, 0 g grasa saturada, 8 mg colesterol
Intercambios para diabéticos: 1 1/2 PAN

ARROZ DEL SUROESTE

1	**taza de arroz moreno, sin cocer**
8	**onzas de yogur natural, sin grasa**
1/2	**taza de chiles tipo California, escurridos**
4	**onzas de queso tipo Cheddar, rallado**

Aceite en rociador sin calorías

Rocíe un molde de hornear con el aceite en rociador.

Cocine el arroz moreno siguiendo las indicaciones del paquete. Cuando ya esté cocido, mezcle el arroz con el yogur bien. Espolvoree con el queso rallado.

Ponga al horno por 20 minutos a 350°.

<u>Rinde 6 porciones</u>

Análisis nutritivo: 1 porción
212 calorías, 7 g grasa, 1 g fibra, 148 mg sodio, 4 g grasa saturada, 20 mg colesterol
Intercambios para diabéticos: 1 1/2 PAN, 1 CARNE, 1/4 LECHE

FRIJOLES DE LA TÍA

Para ver si están hechos, sople en una cuchara llena. Si los frijoles se "pelan", ya están listos.

2	**tazas de frijoles pintos secos**
2	**cuartos de galón de agua**
1	**tira de tocino**
1 1/2	**cucharadita de aceite**
2	**zanahorias, peladas y en rodajas**
2	**dientes de ajo, molidos**

Limpie los frijoles siguiendo las indicaciones del paquete. Lávelos bien con agua tibia y póngalos en la cacerola. Añádales 2 cuartos de galón de agua hirviendo. Agregue los demás ingredientes. Cocine a alta temperatura por 4-6 horas. Mezcle 2-3 veces durante la primera hora y luego una vez cada hora. Como todos las cacerolas tienen diferentes tiempos de cocción verifique los frijoles después de 4 horas.

Media hora antes de que estén listos agregue:

5	**gotas salsa Worcestershire**
1	**cucharadita de polvo de chile colorado, más si desea**
1	**tomate mediano, picado en trozos de 1/2"**
1	**cebolla chica, cortada en cubitos**
1/2	**taza de cilantro, picado**
1/2	**taza de chile verde picado**
1	**cucharadita de sal**

Revuelva ligeramente y siga cocinando a temperatura alta.

Rinde 12 porciones

Análisis nutritivo: 1 porción
150 calorías, 3 g grasa, 6 g fibra, 230 mg sodio, 1 g grasa saturada, 2 mg colesterol
Intercambios para diabéticos: 1/2 VERDURA, 2 PAN, 1/2 GRASA

FRIJOLES REFRITOS SIN FREÍR

Para hacer frijoles "refritos" espesos y ricos, trate el siguiente método. En esta versión, el sabor sigue siendo bueno sin aceite ni manteca.

3   **tazas de frijoles pintos cocidos bajos en grasa**
Aceite en rociador sin calorías

En una sartén grande de teflón, caliente los frijoles. Use el machacador de frijoles o el majador de papas para hacer puré de los frijoles. Caliente por 10-15 minutos hasta que todo el líquido se evapore, asegurando que los frijoles no se sequen demasiado.

Rinde 6 porciones

Análisis nutritivo: 1 porción
150 calorías, 3 g grasa, 6 g fibra, 230 mg sodio, 0 g grasa saturada, 1 mg colesterol
Intercambios para diabéticos: 2 PAN

POSTRES

POSTRES

NOTA

La costumbre de preparar tés con sabores para usar en postres es común en la cocina mexicana. Estos tés se preparan hirviendo una especie o una hierba con agua para extraer el sabor. Luego el té preparado se agrega a las recetas, dándoles un sabor delicioso.

Un buen ejemplo del uso de tés son los tés de canela y anís que se usan en algunas de mis recetas. El té de canela hecho de palitos de canela es maravilloso en postres--y también agradable como bebida caliente, endulzado con una pequeña cantidad de miel o azúcar. ¡Y qué aroma delicioso!

De niña, en la casa de mi abuela teníamos una tradición de parar el trabajo de la casa en medio de la tarde y gozar de una taza de café o de té de canela con pan dulce mexicano.

Cuando pienso en la hora de la *merienda* en la casa de mi abuelita, me vienen recuerdos de café fuerte cocido en la estufa en una cafetera de aluminio. También me acuerdo de los aromas dulces de la caja de pan de mi abuelita.

La hora de la *merienda* era la hora de parar el trabajo y de alimentar el cuerpo, pero también era el tiempo de parar y gozar de la familia y de las amistades. El tiempo corría más despacio y teníamos tiempo suficiente para gozar del calor de la buena comida en buena compañía.

En días especialmente fríos, la abuelita preparaba chocolate mexicano. La leche se calentaba lentamente y se hacía chocolate con buena canela mexicana que se derretía en la leche. Se le agregaban palitos de canela para aumentar el sabor a canela. El aroma era maravilloso.

Es con mucha nostalgia que pienso de esos tiempos pasados cuando "compartíamos el mismo pan" y reforzábamos los lazos familiares.

COMPOTA DE MANGO

Los mangos son ricos en caroteno, una sustancia química que ayuda en la prevención del cáncer.

1	**mango, pelado y cortado en pedazos**
2	**paquetes de sustituto de azúcar**

Licúe el mango junto con el sustituto de azúcar. Licúe hasta que se haga puré.

Sirva sobre helado de leche descremada o yogur congelado.

Rinde 4 porciones

Análisis nutritivo: 1 porción
34 calorías, 0 g grasa, 1 g fibra, 1 mg sodio, 0 g grasa saturada, 0 mg colesterol
Intercambios para diabéticos: 1/2 FRUTA

NIEVE DE PIÑA Y PAPAYA

Este postre es rico y no contiene nada de grasa. Puede usar cualquier néctar de fruta para preparar este postre. Hay varias mezclas de néctares "tropicales" maravillosos en su supermercado.

**2   latas de 12 onzas de néctar de piña y papaya
(o cualquier néctar de fruta tropical que desee)**

Congele el néctar en envases de congelador o en bandejas para cubitos de hielo. Inmediatamente antes de servir, saque el hielo de los envases ablandándolos un poco con agua tibia de la llave. Ponga los cubitos en la licuadora y licúe hasta lograr la consistencia de la nieve.

Sirva en vasos de postre.

Rinde 4 porciones

Análisis nutritivo: 1 porción
100 calorías, 0 g grasa, 0 g fibra, 0 mg sodio, 0 g grasa saturada, 0 mg colesterol
Intercambios para diabéticos: 2 FRUTA

PASTEL DE YOGUR CON DURAZNO FRESCO

Compre crema dulce artificial preparada sin aceite tropical.

3 1/4   **tazas de crema dulce baja en calorías**
2   **tazas de yogur preparado**
        con sustituto de azúcar, cualquier sabor
2   **duraznos frescos, cortados a cuadraditos**
1   **corteza de masa de pastel,**
        preparada con galletas Graham

En un tazón grande, combine la crema y el yogur.

Ponga los duraznos sobre la masa de pastel. Ponga el yogur encima de los duraznos.

Tápelo y congélelo durante la noche.

Rinde 8 porciones

Análisis nutritivo: 1 porción
196 calorías, 9 g grasa, 0 g fibra, 155 mg sodio, 0 g grasa saturada, 1.5 mg colesterol
Intercambios para diabéticos: 1 FRUTA, 1 GRASA, 1/2 LECHE

PASTEL DE PIÑA COLADA

Este postre es fácil, bajo en calorías, pero es posible que contenga algunos aceites tropicales, dependiendo de los ingredientes. Hágalo para una ocasión especial.

3 1/4   tazas de crema artificial baja en calorías
16   onzas de yogur de piña colada
1   taza de piña molida, bien escurrida
1   corteza de pastel de galletas Graham

En un tazón grande, mezcle la crema, el yogur y la piña bien escurrida. Agregue a la corteza. Tápelo bien y congélelo durante la noche.

<u>Rinde 8 porciones</u>

Análisis nutritivo: 1 porción
243 calorías, 12 g grasa, 0 g fibra, 155 mg sodio, 0 g grasa saturada, 2.5 mg colesterol
Intercambios para diabéticos: 1 PAN, 1 FRUTA, 2 GRASA

POSTRE DE FRUTA

Esta ensalada de fruta sirve para los desayunos especiales de días festivos o como un lindo postre. Es verdad que esta receta contiene azúcar, así que los diabéticos deben comer cantidades pequeñas para mantener su dieta saludable.

1/2	**taza de azúcar**
1	**taza de agua**
1/2	**cucharadita de jugo de limón**
1/2	**taza de licor Kirsch**
2	**palitos de canela, partidos**
1/2	**cucharadita de clavos enteros**
1/2	**cucharadita de pimienta inglesa**
3	**manzanas grandes, cortadas a cuadraditos**
3	**naranjas peladas y cortadas a cuadraditos**
1	**piña fresca, cortada a cuadraditos**
1	**melón, cortado a cuadraditos**
1	**caja de fresas, en rodajas**

Combine el azúcar, el agua, el jugo de limón y el licor en una olla para hacer la salsa. En una estopilla atada ponga la canela, la pimienta inglesa y los clavos. Agréguelos a la mezcla. Caliente hasta que hierva, reduzca el fuego y cocine por 5 minutos más. Deje que se enfríe. Saque las especies.

Ponga todas las frutas menos las fresas en un tazón grande. Ponga la salsa dulce sobre las frutas. Mezcle ligeramente. Ponga en el refrigerador por 5-6 horas o durante la noche. Antes de servir, agregue las fresas. Sirva en vasos de postre.

<u>Rinde 10 porciones</u>

Análisis nutritivo: 1 porción
170 calorías, 1 g grasa, 4 g fibra, 7 mg sodio, 0 g grasa saturada, 0 mg colesterol
Intercambios para diabéticos: 2 FRUTA

PERAS CON PURÉ DE FRESA

1	**lata de 14 onzas de peras en almíbar**
12	**fresas frescas**
3	**paquetes de sustituto de azúcar**

Crema artificial baja en calorías, si lo desea

Escurra las peras. Córtelas en cuadraditos de 1" y resérvelas.

Licúe las fresas con el sustituto de azúcar hasta que quede una pasta homogénea. Haga capas de cuadraditos de pera y de puré de fresa en vasos de postre. Añada un poco de crema como adorno si lo desea.

<u>Rinde 4 porciones</u>

Análisis nutritivo: 1 porción
75 calorías, 0 g grasa, 3 g fibra, 5 mg sodio, 0 g grasa saturada, 0 mg colesterol
Intercambios para diabéticos: 1 FRUTA

FRUTA DE VERANO

1	**taza de fresas frescas cortadas a rodajas**
3	**cucharaditas de azúcar o sustituto de azúcar a gusto**
1	**cucharada de jugo de lima fresco**
1	**melón grande**
1	**taza de uvas verdes o rojas sin semillas**

Licúe las fresas, azúcar y jugo de limón en la licuadora hasta que se una todo.

Corte el melón a cuadraditos.

Mezcle las uvas y el melón con la salsa de fresa. Tápela y póngala en el refrigerador por 2 horas.

Ponga la fruta en vasos de postre.

Rinde 4 porciones

Análisis nutritivo: 1 porción
84 calorías, 0 g grasa, 2 g fibra, 12 mg sodio, 0 g grasa saturada, 0 mg colesterol
Intercambios para diabéticos: 1 FRUTA

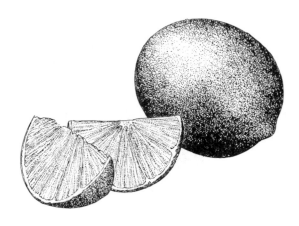

FRUTA EN CREMA DE AMARETTO

Este postre es uno de mis favoritos. Es saludable y delicioso.

1 1/2	cucharadas de licor de Amaretto*
3	paquetes de sustituto de azúcar
	o 2 cucharadas de azúcar moreno sx (o a gusto)
1	taza de yogur de vainilla
	(preparado con sustituto de azúcar)
5	tazas de fresas cortadas a rodajas
	o mango cortado o cualquier fruta fresca
2	cucharadas de almendras cortadas, tostadas

Combine el licor, azúcar y yogur. Bata bastante para disolver el azúcar.

Ponga la fruta en vasos de postre. Agregue la crema de amaretto encima de la fruta.

Agregue las almendras tostadas.

Rinde 4 porciones

Análisis nutritivo: 1 porción
118 calorías, 3 g grasa, 2 g fibra, 46 mg sodio, 0 g grasa saturada, 1 mg colesterol
Intercambios para diabéticos: 1 FRUTA, 1/4 LECHE, 1 GRASA

*También se puede usar extracto de almendra.

MANGOS CON CREMA

Esta receta contiene mucha vitamina A y vitamina C. Ambas frutas contribuyen a una buena nutrición.

1	**taza de yogur de vainilla baja en grasa**
3	**cucharaditas de azúcar moreno (o a gusto)**
2	**cucharaditas de extracto de almendra**
2	**mangos grandes**
4	**fresas grandes**
1/4	**taza de almendras cortadas y tostadas**

Hierbabuena (menta), si lo desea

Mezcle el yogur, el azúcar y el extracto de almendra juntos hasta que estén bien unidos. Divida en cuatro platos de postre.

Pele los mangos. Corte cada uno en 16 rodajas. Ponga 8 en cada plato en forma de flor.

Licúe las fresas. Vierta la salsa de fresa en el medio de los mangos en cada plato.

Adorne con las almendras o la hierbabuena.

Rinde 4 porciones

Análisis nutritivo: 1 porción
142 calorías, 3 g grasa, 3 g fibra, 46 mg sodio, 0 g grasa saturada, 1 mg colesterol
Intercambios para diabéticos: 1 1/2 FRUTA, 1/4 LECHE, 1 GRASA

PAPAYA FRESCA

1	**papaya fresca**
8	**onzas de yogur de frambuesa congelado, ablandado**
1/2	**taza de frambuesas congeladas**
2	**paquetes de sustituto de azúcar**

Corte la papaya por la mitad. Quítele las semillas. Llene el hueco con el yogur de frambuesa. Ponga la papaya en el congelador. Resérvela toda la noche.

Licúe las frambuesas con el sustituto de azúcar. Guarde el puré de frambuesa en un envase hasta que esté listo para servir.

Antes de servir, saque la papaya del congelador. Pele la cáscara y ponga la papaya en un plato de postre.

Adorne con el puré de frambuesa. Sirva inmediatamente.

Rinde 2 porciones

Análisis nutritivo: 1 porción
170 calorías, 0 g grasa, 5 g fibra, 65 mg sodio, 0 g grasa saturada, 3 mg colesterol
Intercambios para diabéticos: 2 FRUTA, 1/2 LECHE

FRESAS EN COMPOTA DE CANELA

Este postre es rico en vitamina C y fácil de preparar.

1	**taza de yogur de vainilla sin grasa**
1	**cucharadita de canela**
2	**cucharaditas de azúcar (o a gusto) o sustituto de azúcar**
5	**tazas de fresas, limpias y sin tallos**

Como 2 horas antes de servir, prepare la salsa de canela mezclando el yogur, la canela y el azúcar. Mezcle hasta que el azúcar se disuelva bien.

Inmediatamente antes de servir, corte las fresas a rodajas y póngalas en cuatro vasos de postre. Cúbralas con la salsa de canela.

Sírvalas frías.

Rinde 4 porciones

Análisis nutritivo: 1 porción
120 calorías, 1.5 g grasa, 4 g fibra, 39 mg sodio, 0.5 g grasa saturada, 3 mg colesterol
Intercambios para diabéticos: 1 FRUTA, 1/4 LECHE

GELATINA DE MANGO

2	paquetes de gelatina sin azúcar con sabor a naranja
1	paquete de gelatina sin azúcar sabor limón
1	taza de agua hirviendo
8	onzas de queso tipo crema bajo en calorías
1	taza de mango fresco, a cuadraditos

Ponga toda la gelatina y el agua en la licuadora. Tape y licúe hasta que se disuelva la gelatina. Agregue el queso crema y el mango. Licúe hasta que esté unido todo. Vierta en un tazón o molde para gelatina. Ponga en el refrigerador hasta que se solidifique la gelatina.

Al servir, ponga de adorno rodajas de mango, si lo desea.

Rinde 8 porciones

Análisis nutritivo: 1 porción
55 calorías, 1 g grasa, 0.5 g fibra, 185 mg sodio, 0 g grasa saturada, 0 mg colesterol
Intercambios para diabéticos: 1/4 FRUTA

MOLDE DE FRUTA TROPICAL

Si le gustan los dulces, esta receta es buena por ser baja en calorías y azúcar. ¡Sabe tan rica que la puede servir a sus huéspedes!

2	**paquetes de gelatina de naranja sin azúcar**
2	**tazas de agua hirviendo**
12	**onzas de néctar de guava**
1	**mango, pelado y cortado a cuadraditos**

Disuelva la gelatina de naranja en 2 tazas de agua hirviendo. Agregue el néctar de guava y bata bien. Vierta en vasos de postre. Póngalo en el refrigerador hasta que se espese un poco. Añada el mango. Póngalo en el refrigerador hasta que se solidifique bien. Sirva bien frío.

Rinde 8 porciones

Análisis nutritivo: 1 porción
52 calorías, 0 g grasa, 5 g fibra, 50 mg sodio, 0 g grasa saturada, 0 mg colesterol
Intercambios para diabéticos: 1 FRUTA

PUDÍN DE KAHLÚA

El Kahlúa es un licor con sabor a café fabricado en Mexico.

1	**paquete de pudín de chocolate sin azúcar**
2	**tazas menos 1 cucharada de leche descremada**
1	**cucharada de Kahlúa**
1/2	**taza de frambuesas congeladas**
1/2	**taza de crema artificial, baja en calorías, a gusto***

Prepare el pudín usando la leche descremada y el Kahlúa.

Llene los vasos de postre con pudín y la crema artificial como adorno si lo desea. Póngalos en el refrigerador. Use también como adorno las frambuesas escasamente descongeladas antes de servir.

Rinde 4 porciones

Análisis nutritivo: 1 porción
126 calorías, 0 g grasa, 2 g fibra, 330 mg sodio, 0 g grasa saturada, 0 mg colesterol
Intercambios para diabéticos: 1/2 PAN, 1/4 FRUTA, 1/2 LECHE

* La crema artificial viene en envase de plástico redondo y se debe usar sólo de vez en cuando porque muchas de estas cremas son preparadas con aceites tropicales.

ARROZ CON LECHE

Esta versión de arroz con leche tiene menos calorías y menos grasa que el que preparaba mi mamá en las noches frías de invierno.

1/3   **taza de leche descremada evaporada**
1/2   **taza de azúcar moreno**
2   **tazas de arroz blanco, cocido y calentito**
1/3   **taza de pasas de uva, cocidas en té de canela***
1/2   **cucharadita de vainilla**
1/4   **cucharadita de canela molida**

Caliente la leche y el azúcar café y cocínelos lentamente hasta que el azúcar se disuelva.

Añada el arroz, las pasas, la vainilla y la canela. Bata lentamente.

Vierta en vasos de postre.

Sirva frío o tibio.

<u>Rinde 4 porciones</u>

Análisis nutritivo: 1 porción
233 calorías, 0 g grasa, 1 g fibra, 31 mg sodio, 0 g grasa saturada, 1 mg colesterol
Intercambios para diabéticos: 1/2 FRUTA, 1 PAN (contiene azúcar)

* El té de canela se prepara quebrando uno o dos palitos de canela en mitades y agregándolos a 2-3 tazas de agua en una olla. Se hierve por 15-20 minutos. Cocinar las pasas de uva en el té de canela hará que se hinchen y adquieran más sabor.

PLÁTANOS CON CANELA

Este postre es fácil de preparar.

4	plátanos firmes
1/4	taza de azúcar
1/2	cucharadita de canela
4	cucharaditas de margarina
	de envase de plástico redondo

Crema artificial baja en calorías si lo desea

Caliente el horno a 325°.

Pele los plátanos y córtelos en mitades a lo ancho y luego a lo largo. Combine el azúcar, la canela y la margarina en un tazón para horno de microondas.

Cocínelo en el horno de microondas por 30 segundos para derretir la margarina. Revuelva bien para mezclar.

Vierta el almíbar sobre los plátanos.

Póngalos en un molde para horno por 15 minutos a 325°, rebozando con el almíbar de vez en cuando.

Sirva caliente con la crema, si lo desea.

Rinde 4 porciones

Análisis nutritivo: 1 porción
180 calorías, 3 g grasa, 2 g fibra, 48 mg sodio, 1.5 g grasa saturada, 0 mg colesterol
Intercambios para diabéticos: 2 FRUTA, 1 GRASA

FLAN DE MANGO

La cantidad de colesterol y de grasa de esta versión de un postre favorito mexicano es mucho menor que la receta original.

1 1/2	**tazas de azúcar, dividido**
1	**taza de sustituto de huevo**
2	**tazas de leche descremada**
1/2	**cucharadita de extracto de almendras**
1	**envase de postre de mango para bebés de 4 onzas**

Caliente el horno a 250° y prepare 6 tacitas para el flan.

Ponga una taza de azúcar en una sartén de teflón. A fuego lento, comience a acaramelar el azúcar. Revuelva frecuentemente para que no se queme el azúcar. El azúcar se derrite y se pone de color de ámbar. Este proceso toma unos 5-6 minutos. Si empieza a salir humo, significa que el azúcar se ha cocido por demasiado tiempo o que se ha calentado demasiado. Si esto pasa, tiene que empezar otra vez. El azúcar derretido se endurece rápido. Inmediatamente después de derretir el azúcar, repártalo en las tacitas de flan.

En un tazón grande, mezcle bien el resto del azúcar, el sustituto de huevo, la leche, el extracto y el postre de mango. Divídalo uniformemente en las tazas de flan.

Ponga las tacitas en un baño de María, o en un molde de hornear de 9 x 12 con una pulgada de agua caliente. Hornéelo en el baño de agua por 1 1/2 a 2 horas o hasta que un cuchillo insertado en el centro del flan salga limpio. Deje que se enfríe en el refrigerador 5-6 horas o toda la noche. Para servir, corra un cuchillo alrededor de la tacita e inviértala en el plato de postre. Agregue bayas, almendras tostadas o rebanadas de mango fresco, si lo desea.

Rinde 6 porciones

Análisis nutritivo: 1 porción
315 calorías, 6 g grasa, 0 g fibra, 121 mg sodio, 0 g grasa saturada, 7 mg colesterol
Intercambios para diabéticos: 1 CARNE, 1/2 FRUTA, 1/2 LECHE

MANZANITAS

4   **manzanas agridulces (tipo Granny Smith)**
1/4   **taza de azúcar moreno**
1   **cucharada de margarina disponible**
       en envase de plástico redondo
4   **palitos de canela**
Crema artificial baja en calorías (opcional)

Caliente el horno a 350°. Lave las manzanas. Sin rebanar las manzanas, quíteles las semillas y los tallos. Deje un poco de pulpa y de cáscara en la parte de abajo de la manzana. En un molde de hornear con papel de aluminio, ponga las manzanas y llene cada manzana con una cucharada de azúcar moreno. Divida la margarina en 4 pedazos y agregue un pedazo a cada manzana. Añada un palito de canela a cada manzana. Cocine en el horno por 30-40 minutos o hasta que estén tiernas las manzanas. Saque los palitos de canela antes de comer.

Sirva con la crema, si lo desea.

<u>Rinde 4 porciones</u>

Análisis nutritivo: 1 porción
145 calorías, 2 g grasa, 4 g fibra, 40 mg sodio, 0 g grasa saturada, 0 mg colesterol
Intercambios para diabéticos: 1 FRUTA, 1/2 GRASA

EMPANADAS DE MANZANA FRESCA

Esta receta de mi tía es adecuada para los diabéticos. ¡Es fácil de preparar y deliciosa!

2	**manzanas agridulces (tipo Granny Smith)**
1/2	**cucharadita de canela molida**
2	**paquetes de sustituto de azúcar**
4	**rebanadas de pan**

Aceite en rociador sin calorías
Plancha para tostar sándwiches

Pele y corte las manzanas en pedacitos pequeños. Póngalas en una sartén de teflón. Mézclelas con la canela. A fuego lento, cocine las manzanas hasta que se ablanden, como 20 minutos. Cuando se ablanden, añádales el sustituto de azúcar. Mezcle bien. Rocíe la plancha para preparar sándwiches calientes con el aceite en rociador. Ponga una rebanada de pan y las mitades de manzanas. Cubra con la segunda rebanada de pan. Cocine hasta que estén doraditas, por unos 3 minutos.

Repita con los demás ingredientes.

Sirva caliente.

<u>Rinde 4 porciones</u>

Análisis nutritivo: 1 porción
104 calorías, 1 g grasa, 2 g fibra, 126 mg sodio, 0 g grasa saturada, 0 mg colesterol
Intercambios para diabéticos: 1 PAN, 1 FRUTA

POSTRE DE MANGO

Esta receta es fácil y puede ser adaptada para incluir cualquier combinación de frutas. Esta receta tiene menos grasa saturada que la receta original.

3/4	**taza de avena**
1/2	**taza de azúcar moreno**
1/3	**taza de harina blanca**
1/2	**cucharadita de canela molida**
Sal	
3	**cucharadas de aceite**
3	**manzanas agridulces, (tipo Granny Smith), peladas y cortadas a cuadraditos**
1	**mango en cuadraditos**

Yogur, yogur congelado o nieve sin grasa, a gusto

Caliente el horno a 350°.

Combine la avena, el azúcar moreno, la harina, la canela, la sal y el aceite en un tazón. Mezcle bien.

Ponga las manzanas y los mangos en un molde de pastel. Ponga la mezcla de avena por encima de la fruta.

Cocine en el horno por 30 minutos.

Sirva con yogur, yogur helado o nieve sin grasa, si lo desea.

<u>Rinde 8 porciones</u>

Análisis nutritivo: 1 porción
188 calorías, 6 g grasa, 2.7 g fibra, 42 mg sodio, 1 g grasa saturada, 0 mg colesterol
Intercambios para diabéticos: 1/2 PAN, 1 FRUTA, 1 GRASA

POSTRE DE FRUTA BETTY

3   cucharadas de azúcar
1/2   palito de canela
3   tazas de duraznos frescos, lavados y rebanados
Jugo de una lima fresca
1/4   taza de azúcar moreno
1   cucharada de aceite
1/2   taza de harina

Caliente el horno a 375°.

Ponga el azúcar y el palito de canela en la licuadora. Licúe hasta que la canela esté completamente molida y bien mezclada con el azúcar. Este proceso dura unos 5 minutos. Empiece y pare de licuar para asegurar que todo el palito esté bien molido.

Ponga la fruta en un molde de pastel y mézclelo con el jugo de lima. Añada la mezcla de azúcar y canela y mezcle una vez más.

Ponga al horno por 45 minutos.

Mientras la fruta se esté horneando, combine el azúcar, el aceite y la harina usando un tenedor. Mezcle bien. Después de 45 minutos, vierta esta mezcla encima de la fruta cocida. Póngala de nuevo en el horno por 15 minutos o hasta que se dore la capa de arriba.

Rinde 4 porciones

Análisis nutritivo: 1 porción
290 calorías, 4 g grasa, 3 g fibra, 5 mg sodio, 0.5 g grasa saturada 0 mg colesterol
Intercambios para diabéticos: 2 1/2 FRUTA, 1 PAN, 1 GRASA

REGALITOS

La idea para este postre viene de uno de nuestros restaurantes favoritos de Houston. Ellos preparaban este rico postre frito. Esta versión es mucho más baja en grasa y calorías.

1/2	taza de pasas de uva sin semilla
1/4	taza de azúcar
1 1/2	tazas de agua
2	cucharadas de almidón de maíz
1/4	cucharadita de canela molida
2	plátanos firmes, en rodajas
2	hojas masa de hojaldre congeladas
2	cucharaditas margarina líquida

Caliente el horno a 350°.

Descongele el hojaldre como se indica en el paquete.

En una olla, caliente las pasas, azúcar y el agua hasta que hiervan. Reduzca el fuego y caliente a fuego lento. Use 2 cucharadas de agua para disolver el almidón. Agregue despacio el almidón de maíz a las pasas de uva; mezcle bien. Revuelva hasta que se espese. Agregue los plátanos y la canela y mezcle bien. Mantenga tibio.

Unte cada hoja de hojaldre ligeramente con margarina. Corte cada hoja de hojaldre en cuatro pedazos. Agregue la mezcla de fruta al centro de cada trozo. Levante las esquinas y júntelas para formar el "paquete" del regalito. Cocine en el horno a 350° por 10 minutos o hasta que estén doraditos. Sirva calientes.

Rinde 4 porciones

Análisis nutritivo: 1 porción
200 calorías, 3 g grasa, 2 g fibra, 88 mg sodio, 0.5 g grasa saturada, 0 mg colesterol
Intercambios para diabéticos: 1/2 PAN, 2 FRUTA, 1/2 GRASA

PAN PARA EMPANADAS Y COYOTITAS

4	cucharadas de azúcar
1	cucharadita de canela
2	tazas de harina para pastel, tamizada
1/2	taza de aceite vegetal
2-3	cucharadas de té de canela helado*

Caliente el horno a 350°.

Tamice el azúcar, la canela y la harina juntos. Usando una mezcladora de pastelería, agregue el aceite y mezcle hasta que se haga desmoronadizo. Rocíe con té de canela, 1 cucharada a la vez y junte la masa. Amase por 3-5 minutos y forme una bola. Ponga en el refrigerador por una hora. Saque del refrigerador y forme 12 pelotitas iguales.

Usando el rodillo, enrolle la masa en círculos de 5 pulgadas, como 1/16 pulgada de grueso.

Rellene a gusto y espolvoree con:

1/4	taza de azúcar
1	cucharadita de canela

* El té de canela se prepara hirviendo los palitos de canela en agua por 15-20 minutos. Enfríe antes de usar para la masa.

EMPANADAS DE CALABAZA

1   receta **DE MASA PARA PASTELES** (vea página 230)
3/4   taza de calabaza en lata
1 1/2 cucharadas de azúcar
1   cucharadita de canela molida
Aceite en rociador sin calorías

Aderezo:
1/4   taza de azúcar
1   cucharadita de canela

En un tazón pequeño, mezcle juntos la calabaza, la canela y el azúcar. Resérvelo.

Caliente el horno a 350°.

Usando el rodillo, extienda las bolas de masa en círculos de 5 pulgadas, de aproximadamente 1/16" de grueso.

Ponga una cucharadita de calabaza en el medio del círculo. Doble por la mitad para formar la empanada. Una los lados con los dedos para sellarlos juntos. Haga agujeros con un tenedor para que se escape el vapor.

Mezcle el resto del azúcar y la canela. Espolvoree cada empanada con la mezcla de azúcar y canela.

Rocíe una bandeja de hornear con el aceite en rociador. Ponga las empanadas en la bandeja y cocínelas por 25 minutos o hasta que estén doraditas.

Rinde 12 porciones

Análisis nutritivo: 1 porción
195 calorías, 9 g grasa, 1 g fibra, 1 mg sodio, 0 g grasa saturada, 0 mg colesterol
Intercambios para diabéticos: 1 PAN, 2 GRASA

COYOTITAS

1	receta DE MASA PARA PASTELES (vea página 230)
3	manzanas grandes agridulces (tipo Granny Smith), peladas y bien picadas

Jugo de 2 limas grandes

4	cucharadas de azúcar

Aderezo:

1/4	taza de azúcar
1	cucharadita de canela molida

Aceite en rociador sin calorías

Caliente el horno a 350°.

Con un rodillo, extienda cada bola de masa hasta que forme 12 círculos de 5 pulgadas.

Mezcle las manzanas con el jugo de lima, el azúcar y la canela. Tápelas y resérvelas.

Agregue 1-2 cucharaditas de las manzanas en el medio del círculo. Doble por la mitad el círculo para formar la empanada. Junte los lados con los dedos para formar un sello. Haga agujeros en la masa con un tenedor para que se escape el vapor.

Mezcle el resto del azúcar y la canela. Espolvoree cada coyotita con la mezcla de azúcar y canela. Rocíe una bandeja de hornear con el aceite en rociador. Ponga las coyotitas en la bandeja y cocínelas por 25 minutos o hasta que estén doraditas.

Rinde 12 porciones

Análisis nutritivo: 1 porción
205 calorías, 9 g grasa, 1 g fibra, 1 mg sodio, 0 mg grasa saturada, 0 mg colesterol
Intercambios para diabéticos: 1 PAN, 1/2 FRUTA, 1 GRASA

PUDÍN DE PLÁTANO CON FRESAS

1	**paquete de pudín de plátano sin azúcar**
2	**tazas de leche descremada**
14	**fresas**
3	**paquetes de sustituto de azúcar**

Prepare el pudín como se indica en el paquete.

Licúe ocho de las fresas en la licuadora hasta que estén sin grumos. Agregue el sustituto de azúcar; mezcle.

En vasos de postre, ponga en capas el pudín y la salsa de fresa. Ponga las demás fresas de adorno en cada vaso.

<u>Rinde 6 porciones</u>

Análisis nutritivo: 1 porción
96 calorías, 0 g grasa, 2 g fibra, 330 mg sodio, 0 g grasa saturada, 0 mg colesterol
Intercambios para diabéticos: 1/2 PAN, 1/4 FRUTA, 1/2 LECHE

PUDÍN DE PIÑA COLADA

1   paquete de pudín de vainilla sin azúcar
2   tazas de leche descremada
1   cucharadita de extracto de coco
1   taza de piña molida, bien escurrida
Cerezas tipo Maraschino, opcional

Prepare el pudín como se indica en el paquete. Añada el extracto de coco. Mezcle con la piña bien escurrida. Póngalo en vasos de postre y adorne con cerezas, si lo desea.

Rinde 4 porciones

Análisis nutritivo: 1 porción
125 calorías, 0 g grasa, 1.5 g fibra, 330 mg sodio, 0 g grasa saturada, 0 mg colesterol
Intercambios para diabéticos: 1/2 PAN, 1/2 FRUTA, 1/2 LECHE

ÍNDICE

Salsas y aderezos

Sopas

Tacos

Tamales

Tomatillo

Formulario de pedido de títulos de Appletree Press

COCINA MEXICANA SALUDABLE/HEALTHY MEXICAN COOKING: Auténticas recetas bajas en grasa. Platos mexicanos tradicionales con pocos ingredientes, preparación práctica y con contenido de calorías de moderado a bajo. Además, glosario, sección de pedidos por correo, ¡y más de 160 maravillosas recetas auténticas!
256 páginas. En rústica con lomo que se abre completamente plano
$15.95 cada uno, inglés o español ....*Envíenme_____por un total de $_____*

THE ESSENTIAL ARTHRITIS COOKBOOK: Elementos básicos de cocina para personas con artritis, fibromialgia y dolor y fatigas crónicas. Excelente información de nutrición, tablas de medicación, fotos e ilustraciones, tácticas para combatir los 'ladrones de energía', cuando comer es difícil, recursos y utensilios básicos, 120 recetas con bajo contenido de calorías que ahorran tiempo y energía. 288 páginas, encuadernación dura con lomo en espiral doble para uso fácil en la cocina.
$16.00 cada uno, inglés solamente ....*Envíenme_____por un total de $_____*

COOKING A LA HEART: ¡El clásico! Con más de 92,000 ejemplares en circulación, sus recetas son siempre consideradas originales, deliciosas y fáciles de preparar. Escogidas por los editores de los boletines de salud de la Facultad de Medicina de Harvard, este libro incluye dos capítulos de sólida información nutritiva ¡y más de 400 recetas! 456 páginas. En rústica con lomo que se abre completamente plano.
$19.95 cada uno, inglés solamente ....*Envíenme_____por un total de $_____*

WHAT'S FOR BREAKFAST? : La forma más fácil de comer un buen desayuno. Más de 100 deliciosas recetas clasificadas por tiempo de preparación: Super rápido, Rápido y Vale la pena el esfuerzo-todas con bajo contenido de calorías. ¡Conexión "Pro-Carb" para no sentir hambre, secciones especiales para compras y menús para toda ocasión! 264 páginas. En rústica, con lomo que se abre completamente plano
$13.95 cada uno, inglés solamente ....*Envíenme_____por un total de $_____*

GASTOS DE ENVÍO
Añada $4.00 por un libro, $5.00/2 libros, $6.00/3libros, $7.00/4-6 libros..total *$_____*

Residentes de Minnesota ....Añadan 6.5%impuesto de venta $ _____

Marque con un círculo: Cheque   Visa   MasterCard   **TOTAL INCLUIDO** $ _____

Número de tarjeta _____Fecha de vencimiento _____

Envíe a_____

Dirección: Número y calle_____

Ciudad, estado y zona postal _____

Envíe el pedido a:

Appletree Press   Suite 125   151 Good Counsel Drive   Mankato, MN 56001
o llame sin cargo al teléfono 800-322-5679